Erinnerungen an Großmama

**Allitera** Verlag

CHRISTIAN SEPP studierte nach einer Ausbildung zum Bankkaufmann Geschichte und Politische Wissenschaft an der Ludwig-Maximilians-Universität München. Anschließend verbrachte er ein halbes Jahr in London als Stipendiat des Deutschen Historischen Instituts. Nach einigen Jahren in der Filmbranche machte er sich 2013 als Historiker selbstständig und veröffentlichte ein Jahr später die Biografie »Sophie Charlotte. Sisis leidenschaftliche Schwester«. Damit gelang ihm ein Erfolgsdebüt. Mit »Ludovika. Sisis Mutter und ihr Jahrhundert« folgte 2019 eine Biografie über Herzogin Ludovika in Bayern. Christian Sepp lebt und arbeitet in München.

Erinnerungen an
# Großmama

Aufzeichnungen der Amelie von Urach
über Herzogin Ludovika in Bayern

Eine kritische Quellenedition

Herausgegeben von Christian Sepp

Allitera Verlag

5. Auflage Mai 2024
Originalausgabe Juni 2021
Allitera Verlag
Ein Verlag der Buch&media GmbH München
© 2023 Buch&media GmbH München
Lektorat: Dietlind Pedarnig
Layout, Satz und Umschlaggestaltung: Franziska Gumpp
Gesetzt aus der Adobe Garamond Pro
Umschlagvorderseite: Amelie von Urach mit ihrer Großmutter Herzogin Ludovika in Bayern und deren Spitz »Romulus« auf dem Schoß, um 1880
© Landesarchiv Baden-Württemberg, Hauptstaatsarchiv Stuttgart GU 99
Printed in Europe · 978-3-96233-266-2

Allitera Verlag
Merianstraße 24 · 80637 München
Fon 089 13 92 90 46 · Fax 089 13 92 90 65

Weitere Publikationen aus unserem Programm finden Sie auf
www.allitera.de
Kontakt und Bestellungen unter info@allitera.de

# INHALT

Einleitung . . . . . . . . . . . . . . . . . . . . . 7

I. Die Historie einer Quelle . . . . . . . . . . . . . 11

II. Die Verfasserin: Herzogin Amelie von Urach . . . . 33

III. Der Quellentext . . . . . . . . . . . . . . . . . 63

IV. Abweichungen zwischen Abschrift und Originaltext 121

Anhang . . . . . . . . . . . . . . . . . . . . . . 129

    Danksagung . . . . . . . . . . . . . . . . . . 129

    Editorische Notizen . . . . . . . . . . . . . . . 130

    Quellen- und Literaturverzeichnis . . . . . . . . 131

    Abbildungsnachweis . . . . . . . . . . . . . . 135

    Personenregister . . . . . . . . . . . . . . . . 136

    Stammbaum von Amelie von Urach . . . . . . . 142

# EINLEITUNG

Es ist mittlerweile über sieben Jahre her, dass ich im November 2013 zum ersten Mal seit meinen Tagen als Student den Handschriftenlesesaal der Bayerischen Staatsbibliothek München betrat. Ich war zum damaligen Zeitpunkt unterwegs auf den Spuren von Herzogin Sophie Charlotte in Bayern und hatte mir Materialien aus dem Nachlass des Schriftstellers Richard Sexau kommen lassen. In den umfangreichen Unterlagen Sexaus befindet sich unter anderem eine Abschrift des Tagebuchs von Herzogin Amelie in Bayern, einer Nichte Sophie Charlottes. In der gleichen grünen Mappe, in der sich auch die Abschrift des Tagebuchs befindet, stieß ich – mehr oder weniger zufällig – auf von Amelie verfasste Erinnerungen an ihre Großmutter, Herzogin Ludovika in Bayern. Für meine im Entstehen begriffene Biografie über Sophie Charlotte las ich diese erstmals und war von dem Bild, das Amelie von ihrer Großmutter zeichnet, fasziniert und berührt. Besonders ein Satz in der einleitenden Charakterisierung Ludovikas blieb mir im Gedächtnis haften. Amelie schrieb folgendes über ihre Großmutter: »Sie liebte die Bäume, das frische Grün so sehr, dass sie nicht einmal Zweige, welche in die Fußwege hereinhingen, abschneiden lassen wollte.«

Das Bild der selbst gegenüber den Pflanzen in ihrem Park empathischen Herzogin hinterließ bei mir einen derart nachhaltigen Eindruck, dass nach der Publikation von »Sophie Charlotte« (2014) der Plan reifte, als nächstes eine Biografie über Herzogin Ludovika in Angriff zu nehmen. Insbesondere, da das Bild, das Amelie von ihrer Großmutter zeichnet, in starken Kontrast zu dem steht, was man in der Literatur über diese historische Persönlichkeit findet. So charakterisiert beispielsweise ein Biograf ihres Ehemannes Herzogin

*Herzogin Amelie von Urach im Alter von 38 Jahren,*
*aufgenommen im Münchner Hof-Atelier Elvira*

Ludovika mit folgenden Worten: Sie sei eine »Frau mit narzisstisch-depressiven Zügen« gewesen, der die Worte gefehlt hätten, um »sich gefühlsmäßig dem anderen zu öffnen und um ihre ständig schwelende Verzweiflung zeigen zu können«.[1]

Dankenswerterweise unterstützte der August Dreesbach Verlag dieses Vorhaben, sodass 2019 mit »Ludovika. Sisis Mutter und ihr Jahrhundert« erstmals eine Biografie über die Herzogin erscheinen konnte, die bis dato im Schatten ihres Ehemanns und ihrer Kinder, insbesondere ihrer Tochter Elisabeth (»Sisi«), gestanden hatte. Amelies detailreiche Erinnerungen bildeten einen der Grundpfeiler meiner Arbeit. Allerdings musste ich mich mit der Abschrift in Sexaus Nachlass zufrieden geben, denn trotz Nachforschungen war das Original nicht aufzufinden.

Vier Monate nach dem Erscheinen von »Ludovika. Sisis Mutter und ihr Jahrhundert« erhielt ich Post aus dem Hauptstaatsarchiv Stuttgart. Hier wird der Nachlass von Herzogin Amelie verwahrt, die 1892 in das Haus Urach, eine Seitenlinie des württembergischen Königshauses, eingeheiratet hatte. Mir wurde mitgeteilt, dass bei laufenden Arbeiten am Nachlass der Herzogin die Aufzeichnungen über ihre Großmutter im Original aufgetaucht seien, zusammen mit einem Konvolut an Briefen, die Amelie im Laufe ihres Lebens von Herzogin Ludovika erhalten hatte. Ich ließ mir beide Bestände digitalisieren und wendete mich zuerst dem bisher unbekannten Briefbestand zu. Den Erinnerungen schenkte ich zunächst keine weitere Aufmerksamkeit, da ich der Meinung war, durch die Abschrift im Nachlass von Richard Sexau deren Inhalt bereits zu kennen. Erst die Corona-Pandemie und der damit einhergehende erste Lockdown im Frühjahr 2020 sorgten für genügend freie Tage, um mich diesem Bestand zu widmen. Und zu meiner großen Verblüffung musste ich feststellen, dass Sexaus Abschrift und Amelies Original an einigen Stellen massiv voneinander abweichen. Diese Manipulationen am Text betreffen in erster Linie Amelies Beschreibungen von einzelnen

---

[1] Alfons Schweiggert: Herzog Max in Bayern. Sisis wilder Vater, München 2016, S. 244.

Familienmitgliedern, die durch Kürzungen entschärft und geschönt wurden.

So entstand zusammen mit dem Allitera Verlag die Idee, Amelies Erinnerungen an ihre Großmutter Ludovika als kritische Quellenedition einer breiten Öffentlichkeit zugänglich zu machen. Insbesondere, da Amelie sich in ihren Aufzeichnungen nicht nur auf die Person ihrer Großmutter beschränkte, sondern auch ein detailreiches Bild ihrer Familie zeichnete.

Einleitend gehe ich auf die Entstehung des Textes ein und erkläre, wie die Abschrift in den Nachlass von Richard Sexau gelangt ist. Außerdem wird die Quellenedition ergänzt durch einen biografischen Abriss über Herzogin Amelie in Bayern, bei dem vor allem ihre enge Beziehung zu ihrer Großmutter Ludovika im Fokus stehen wird. Anschließend an den Originaltext werde ich exemplarisch einige markante Stellen gegenüberstellen, um die Abweichungen zwischen Sexaus Abschrift und dem Originaltext deutlich zu machen.

*Christian Sepp,*
*München im März 2021*

# I. DIE HISTORIE EINER QUELLE

Hoch über dem Ursprung des Flusses Echaz, dort wo die Schwäbische Alp nach Nordwesten hin steil abbricht, thront Schloss Lichtenstein. Eine Ausgabe des Magazins »Illustrirte Welt« beschrieb Ende des 19. Jahrhunderts seinen Leserinnen und Lesern den auf einem »mitten aus dem dunkeln Wald aufsteigenden« Felsen gelegene Adelssitz wie folgt: »Seine schlanken Türme, seine hoch in die Luft hineinragenden Zacken und Zinnen heben sich scharf ab vom blauen Horizont, […] als hätten Riesenhände es emporgetragen auf die Spitze des lichten Felsen […].«

Von außen betrachtet mutet das Schloss an wie eine mittelalterliche Ritterburg, ist aber zum damaligen Zeitpunkt gerade wenige Jahrzehnte alt. Graf Wilhelm von Württemberg hatte es Anfang der 1840er-Jahre im neugotischen Stil errichten lassen. Inspirationsquelle für den Bau des Schlosses war ein historischer Roman, ein Bestseller der damaligen Zeit aus der Feder von Wilhelm Hauff, der schlicht den Namen der Burg trägt: »Lichtenstein«. Die Handlung des Romans spielt Anfang des 16. Jahrhunderts, zur Zeit der Reformation, und Hauptfigur ist ein streitlustiger württembergischer Herzog, der mit allen und jedem im Dauerclinch liegt und sich daher eine Zeitlang auf Schloss Lichtenstein und in der nahe gelegenen Nebelhöhle verstecken muss. Zu den begeisterten Lesern des Romans gehörte der aus einer Seitenlinie des Hauses Württemberg stammende Graf Wilhelm. Er war von dem Stoff so angetan, dass er ein Jahrzehnt nach Erscheinen des Romans von seinem Vetter, dem König von Württemberg, den Grund und Boden erwarb, auf dem das historische Schloss gestanden hatte. Zum Zeitpunkt des Erwerbs befand sich an der Stelle ein Forst- und Jagdschlösschen, dass man auf den Resten des alten Schlosses errichtet hatte.

Unsere Geschichte beginnt im Sommer des Jahres 1902. In diesem Jahr machte sich die Schlossherrin auf dem Lichtenstein daran, Notizen zu sortieren und ihre Erinnerungen an einen von ihr sehr geliebten Menschen zu Papier zu bringen. Der Name der Schlossherrin: Herzogin Amalie von Urach. Den Vornamen Amalie verwendete allerdings niemand aus ihrer näheren Umgebung. Aus zahlreichen Schriftstücken, wie Briefen an die Herzogin oder Tagebüchern, geht hervor, dass die Dame ihr Leben lang von allen immer nur Amelie (oder auch Amélie) genannt wurde. Daher werden auch wir diese Version ihres Namens verwenden. In diesem Sommer des Jahres 1902 war Amelie seit zehn Jahren die Ehefrau von Herzog Wilhelm von Urach, Graf von Württemberg, dem Sohn des Erbauers von Schloss Lichtenstein. Amelie entstammte dem Hause Wittelsbach, dem bayerischen Herrscherhaus. Wie ihr Mann war auch sie die Angehörige einer Nebenlinie, der sogenannten Herzöge in Bayern. Für eine Frau aus dem Hochadel hatte Amelie spät geheiratet: Sie war 26 Jahre alt, als sie Herzog Wilhelm in Tegernsee ihr Ja-Wort gab. In den ersten zehn Jahren ihrer Ehe waren sechs Kinder zur Welt gekommen, zwei Söhne und vier Töchter. Die Person, deren Andenken Amelie mit ihren Erinnerungen würdigen wollte, war ihre Großmutter, Herzogin Ludovika in Bayern. Die beiden Frauen hatten eine besonders enge Bindung, was vor allem daran lag, dass Amelie sehr früh ihre Mutter verloren hatte und es ihre Großmutter war, die die Halbwaise unter ihre Fittiche nahm. In den einleitenden Worten ihrer Erinnerungen[1] benennt Amelie folgenden Grund, wieso sie zur Feder greift: »Und zur Erinnerung möchte ich vor allem für meine Kinder, die sie nicht mehr gekannt haben, diese Zeilen niederschreiben und in ihnen die vielen Erzählungen festhalten, die ich aus Großmamas Munde oft gehört und die in eine Zeit zurückreichen, die für uns zur Geschichte geworden ist.« Da Herzogin Ludovika und ihre Enkelin viel Zeit zusammen verbracht hatten, die die alte Dame mit Erzählungen aus ihrem Leben angefüllt hatte, verfügte Amelie über ein überaus reichhaltiges Wissen. Und ein gutes Gedächtnis: »Ich halte mich hauptsächlich an ihre eigenen Erzählungen und ergänze sie nur aus ebenfalls verlässlichen

---

[1] Die »Erinnerungen an Großmama« werden im Archiv der Herzöge von Urach im Hauptstaatsarchiv (HStA) Stuttgart aufbewahrt: GU 118 Büschel 291 und 292.

Quellen, wenn es der Zusammenhang erfordert.« Zu diesen Zeitzeugen gehört in erster Linie Ludovikas langjähriger Oberhofmeister Karl von Wulffen, aber auch Personen aus Amelies weit verzweigter Verwandtschaft.

Und es ist genau diese Verwandtschaft, die Amelies Erinnerungen nicht nur für die historische Forschung, sondern auch für ein breiteres Publikum interessant machen. Denn zu den Schwestern ihres Vaters zählte unter anderem Herzogin Elisabeth in Bayern, die durch ihre Heirat mit Franz Joseph I. Kaiserin von Österreich wurde. Schon im 19. Jahrhundert war sie, nicht zuletzt durch ihre tragische Ermordung, eine Berühmtheit; unter ihrem kindlichen Kosenamen »Sisi« avancierte sie ab Mitte des 20. Jahrhunderts durch die Filmtrilogie von Ernst Marischka (in der ihr Kosename um ein »s« ergänzt zu »Sissi« wurde) zu einer der populärsten historischen Figuren überhaupt.

Die Kinder des Kaiserpaares waren Amelies Cousin und Cousinen, insbesondere mit Sisis Lieblingstochter Marie Valérie verband sie eine zeitweise sehr innige Freundschaft. Die beiden jungen Mädchen verbrachten viel Zeit miteinander, wodurch Amelie ihrer berühmten Tante sehr nahe kam. Auf diesen persönlichen Erlebnissen aufbauend zeichnete Amelie ein sehr differenziertes Bild der Kaiserin, das auch Eingang in ihre Erinnerungen an Herzogin Ludovika fand. Mit den genauen verwandtschaftlichen Beziehungen der herzoglichen Linie des Hauses Wittelsbach werden wir uns im nächsten Kapitel ausführlicher befassen.

Die beiden Hefte, in denen Amelie ihre Erinnerungen festhielt, wurden bei »Schul- und Zeichen-Requisiten C. F. Autenrieth« in Stuttgart erworben. Der Umschlag des ersten Hefts, dessen 90 Seiten Amelie komplett gefüllt hat, ist altrosa. Das zweite Heft, in dem nach 70 beschriebenen Seiten der Text unvermittelt abbricht, hat einen blauen Umschlag mit einem zarten goldenen Rahmen. Es fällt auf, dass die Erinnerungen zwar mit der Geburt Herzogin Ludovikas einsetzen, allerdings nicht mit ihrem Tod enden. Das letzte Ereignis, das Amelie erwähnt, ist die Hinrichtung von Kaiser Maximilian von Mexiko, einem Neffen ihrer Großmutter, im Jahre 1867. Leere Seiten, um ihre Erinnerungen weiterzuführen, wären noch genügend vorhanden gewesen. Wieso die Herzogin ihre Aufzeichnungen nicht vollendet hat – oder vollenden konnte – entzieht sich leider unserer Kenntnis.

Bleibt die Frage zu klären, wieso sich die Herzogin im Jahre 1902 ans Werk machte, ihre Erinnerungen zu Papier zu bringen. Betrachtet man das Familiengefüge, so fällt auf, dass nur kurze Zeit zuvor eine ihrer Cousinen als Autorin debütierte. Diese Cousine versuchte, mithilfe ihres Insider-Wissens über ihre prominente Familie Kasse zu machen. Der Name dieser Dame: Marie Louise, geborene Freiin von Wallersee, geschiedene Gräfin Larisch.[2] Marie Louise war sieben Jahre älter als Amelie und das einzige Kind ihres Onkels Herzog Ludwig in Bayern. Er hatte, um die Schauspielerin Henriette Mendel zu ehelichen, auf sein Erstgeborenenrecht verzichtet. Durch ihre Ehe mit einem Mitglied des Hauses Wittelsbach war Henriette Mendel zur Freifrau von Wallersee aufgestiegen, ein Titel, der auch der gemeinsamen Tochter verliehen wurde. Mit ihrer berühmten Tante, der Kaiserin von Österreich, stand Marie Louise einige Jahre lang in einem sehr vertrauten Verhältnis.

Marie Louise war sozusagen das schwarze Schaf in der Familie. Sie war es, die den Kontakt hergestellt hatte zwischen ihrem Cousin, dem österreichischen Kronprinzen Rudolf, und einer blutjungen Baronesse namens Mary Vetsera. Rudolf war nicht nur auf der Suche nach einer Affäre, sondern nach jemanden, der dazu bereit war, mit ihm zusammen aus dem Leben zu scheiden. Und Mary Vetsera war die Person, die gewillt war, diesen Schritt mit dem Kronprinzen zu gehen. Als sich nach dem Freitod der beiden im Januar 1889 herausstellte, welche Rolle Marie Louise in dem Drama gespielt hatte, brach ihre Tante Sisi, die Mutter Rudolfs, jeglichen Kontakt mit ihr ab, ebenso wie der größte Teil der Familie. Darüber hinaus ging ihre – von Anfang an wenig glückliche – Ehe mit dem Grafen Larisch in die Brüche. Nach der Scheidung heiratete sie in zweiter Ehe einen Opernsänger, das Paar geriet in finanzielle Schieflage

---

[2] Zu ihrer Person siehe die quellengesättigte Biografie von Brigitte Sokop: Jene Gräfin Larisch. Marie Louise Gräfin Larisch-Wallersee. Vertraute der Kaiserin – Verfemte nach Mayerling, Wien u. a. [4]2005.

und erhielt Geld aus Wien, damit die Verstoßene nicht – wie angedroht – ihre Memoiren schreiben würde. Im Jahre 1900 testete Marie Louise die Grenzen des Möglichen aus und veröffentlichte mit dem Roman »Die arme Königin« eine Art »Compositum mixtum« aus verschiedenen Schicksalen von weiblichen Familienangehörigen. Das Werk sei ein »Groschenroman«, »verwirrend, ungegliedert und schwer zu lesen«, so das Urteil der späteren Fachwelt. Es erwecke den Anschein, als sei der Autorin öfters »die Feder durchgegangen«, wenn sie »unüberlegt, phantasievoll und gedankenlos darauflos schwätzt und der Lust, noch mehr hineinzugeheimnissen, nicht widerstehen kann«.[3]

Amelie und ihre Cousine Marie Louise scheinen kein freundschaftliches Verhältnis gepflegt zu haben, obwohl sie sich gekannt haben, da sich beide im Umfeld ihrer Tante Sisi bewegten. Die publizistische Tätigkeit der verfemten Cousine dürfte Amelie nicht entgangen sein, ob sie allerdings der tatsächliche Auslöser dafür war, ihre Erinnerungen niederzuschreiben, müssen wir dahin gestellt sein lassen, denn wir haben keinen Beleg dafür. Jedenfalls erwähnt Amelie ihre Cousine in ihren Aufzeichnungen mit keinem Wort. Sollte sie ein Gespür dafür gehabt haben, dass auch der Ruf Ludovikas – beider Großmutter – durch die Werke von Marie Louise beschädigt werden würde, so wäre sie damit richtig gelegen. Denn die geschiedene Gräfin Larisch sollte in den folgenden Jahren noch zu Hochform auflaufen, wenn es darum ging, aus der Familiengeschichte Kapital zu schlagen. Mit Hilfe von Ghostwritern wurden ihre kommenden Werke zu Kassenschlagern, in denen Marie Louise auch nicht davor zurückschreckte, ihre Großmutter zu diffamieren. Denn, so Marie Louises Narrativ, es sei Herzogin Ludovika, die im Grunde genommen die Schuld an allem Unglück in ihrer Familie trage. Sie sei es gewesen, die bei ihrer Hochzeit im Jahre 1828 aus Frust über die arrangierte Ehe alle ihre Nachkommen mit einem Fluch belegt habe. So jedenfalls wird es in einem der späteren Werke[4]

---

[3] Brigitte Sokop: Jene Gräfin Larisch, S. 294–296.
[4] Wallersee, Marie Louise von, vormals Gräfin Larisch: Kaiserin Elisabeth und ich, Leipzig 1935, S. 163.

von Marie Louise zu lesen sein. Eine Anschuldigung, die völlig frei erfunden ist – wie so vieles in den Werken der Gräfin Larisch, geborene Freiin von Wallersee.

Der Selbstmord des österreichischen Kronprinzen und seiner Geliebten ging als »Tragödie von Mayerling« in die Geschichte ein, benannt nach dem Ort, einem Jagdschloss südwestlich von Wien, wo die Tat stattgefunden hatte. Die Verwicklung in dieses Drama sollte die Gräfin Larisch bis zu ihrem Lebensende verfolgen. Es sei der »Fluch ihres Lebens«, der sie wie ein »Gespenst« verfolge. Bis ins hohe Alter wurde sie nicht müde, gegen ihren schlechten Ruf anzuschreiben. Das Tragische daran war, dass sie sich bei dem Versuch, das »Lügengewebe«, das sich nach der Mayerling-Affäre um sie gelegt hatte, zu zerreißen, immer weiter in erfundene Geschichten und Behauptungen verstrickte. Das brachte ihr zwar große Aufmerksamkeit ein, aber nicht die gewünschte Rehabilitation ihres Rufs.[5]

Anfänglich sorgten Geldzuwendungen des österreichischen Kaiserhauses dafür, dass die verstoßene Nichte der Kaiserin nicht weiter an die Öffentlichkeit ging. Doch ihre Leibrente war bald zur Gänze kapitalisiert und als kein weiteres Geld aus Wien mehr zu erwarten war, veröffentlichte sie 1913 zum ersten Mal ihre Erinnerungen unter dem Titel »Meine Vergangenheit«. Es wurde nicht der erhoffte Erfolg. Nach dem Tod ihres zweiten Mannes, des Opernsängers Otto Brucks, arbeitete sie im Ersten Weltkrieg als Krankenschwester und begann anschließend eine kurze Karriere als Drehbuchautorin in dem jungen Medium Film. So war sie unter anderem an dem Drehbuch für den ersten Spielfilm beteiligt, der über Sisi gedreht wurde (»Kaiserin Elisabeth von Österreich«, 1920). Die Weltwirtschaftskrise setzte dieser Tätigkeit ein jähes Ende, verzweifelt akzeptierte sie die Heiratsofferte eines Mannes, den sie nur aus Briefen kannte. Es handelte sich um einen Belgier namens Meyers, der in die USA ausgewandert war und in Florida als Farmer lebte. Angekommen in der Neuen Welt realisierte die geschiedene Gräfin Larisch, dass sie einem Hochstapler auf den Leim gegangen war. Ihr dritter Ehemann hatte sie nur über den Ozean gelockt, um die Dame von Adel auszu-

---

[5] Zitate aus Brigitte Sokop: Jene Gräfin Larisch, S. 519/520.

nutzen und ihren Namen geschäftlich zu verwerten. Schließlich floh sie nach New York, wo sie sich mehrere Jahre durchschlug und einen Journalisten kennenlernte, dem sie ihre Lebensgeschichte erzählte. 1929 kehrte sie nach Europa zurück und ließ sich in ihrer Geburtsstadt Augsburg nieder. Sie war nun eine alte Dame, gesundheitlich angeschlagen und finanziell immer gefährlich nahe am Abgrund.

In den 1930er-Jahren war Marie Louise Meyers, geschiedene Gräfin Larisch, verwitwete Brucks, in Augsburg an ihre Wohnung gefesselt. Sie nutzte die Zeit dazu, ihre Dokumente zu sortieren, zu lesen – und zu schreiben. Unter der Mitarbeit von Ghostwritern, darunter auch des Journalisten aus New York, erschienen nun kurz nacheinander mehrere Bücher: 1935 »Kaiserin Elisabeth und ich«, 1936 »Die Heldin von Gaeta« und 1937 eine Neuauflage von »Meine Vergangenheit«. Als Autorin verwendete sie ihren Mädchennamen: von Wallersee, versehen mit dem Zusatz »vormals Gräfin Larisch«. Ihre Werke bekamen nun wesentlich mehr Aufmerksamkeit und fanden reißenden Absatz. Die alte Dame erreichte eine ungeahnte Popularität und erschloss sich einen großen Leserkreis. Bis heute finden ihre Werke Eingang in die historische Fachliteratur.

Und was machte die Bücher von Marie Louise von Wallersee zu solchen Verkaufsschlagern? Die Antwort ist relativ simpel. Um möglichst große Wirkung zu erzielen, würzte sie ihre Erinnerungen mit allerhand Skandalen. Eine ihrer Behauptungen lautete wir folgt: Kaiserin Elisabeth von Österreich habe ein uneheliches Kind zur Welt gebracht und zwar während eines Reitaufenthalts auf Schloss Sassetot in der Normandie. Diese Geschichte hat Marie Louise von Wallersee allerdings nicht selbst erfunden, sie griff sie nur auf. In die Welt gesetzt hatte diese Mär eine Gräfin Zanardi Landi. In ihrem 1914 erschienen Buch »The secret of an empress« behauptet die Gräfin, eben jenes Mädchen zu sein, dass die österreichische Kaiserin in Sassetot zur Welt gebracht habe. Diese Geschichte stieß bei ihrer Veröffentlichung auf kein großes Echo. Bis sich die Nichte der Kaiserin in ihrem Buch »Kaiserin Elisabeth und ich« als Kronzeugin zu Wort meldete, die Geschichte der Gräfin Zanardi Landi für wahr erklärte und sich insgeheim darüber freute, »meinen hochnäsigen Verwandten Eines zu versetzen«[6]. Doch damit nicht genug. In »Die Heldin von Gaeta«, in dem das Schicksal einer weiteren Tante, der letzten Königin von Neapel-Sizilien, beschrieben wird, setzte Marie Louise von Wallersee noch eines oben drauf. Auch die Königin von Neapel-Sizilien habe ein uneheliches Kind geboren, in diesem Fall sogar ein Zwillingspaar – und sie selbst, Marie Louise von Wallersee, sei in Wirklichkeit nicht das Kind ihrer Eltern, sondern eines der beiden Zwillingsmädchen. Sie sei in einem Kloster in Augsburg zur Welt gekommen und ihre späteren Eltern, Herzog Ludwig in Bayern und seine Frau Henriette, hätten sie als Baby adoptiert und großgezogen.

Das Problematische an dieser Geschichte: Die Königin von Neapel-Sizilien hat – im Gegensatz zu ihrer Schwester, der Kaiserin von Österreich – aller Wahrscheinlichkeit nach tatsächlich ein uneheliches Kind zur Welt gebracht. Dass es sich aber bei Marie Louise von Wallersee um dieses uneheliche Kind handelt, ist vollkommen frei erfunden. Nach Einschätzung ihrer Biografin Brigitte Sokop litt sie unter einem »lebenslänglichen Minderwertigkeitskomplex«[7].

Die publizistische Tätigkeit von Marie Louise von Wallersee in den 1930er-Jahren rief auch Kritiker auf den Plan, insbesondere Historiker, die beurteilen konnten, was die Dame da an erfundenen Geschichten in die Welt setzte. Als ihr schärfster Kritiker etablierte sich innerhalb von kurzer Zeit der aus einem humanistisch und künstlerisch geprägten Elternhaus stammende Dr. Richard Sexau. Er war 24 Jahre jünger als Marie Louise, in Karlsruhe geboren, und hatte Philosophie, Nationalökonomie, Literatur, Kunst- und Musikgeschichte studiert. Seit 1914 lebte er als freier Schriftsteller und Privatgelehrter auf Schloss Ascholding bei München. In den 1930er-Jahren stand Sexau auf dem Zenit seines Erfolges. Mit dem zweiteiligen Roman »Venus und Maria« (1932/1933) und dem Buch »Kaiser oder Kanzler« (1936), einer auf vielen Originalquellen basierenden Darstellung des Verhältnisses zwischen Reichskanzler Otto von Bis-

---

[6] Zitiert nach Brigitte Sokop: Jene Gräfin Larisch, S. 460.
[7] Brigitte Sokop: Jene Gräfin Larisch, S. 474.

*Wortgewaltiger Schriftsteller: Richard Sexau,
1930er-Jahre*

marck und Kaiser Wilhelm II., feierte er zwei größere Erfolge.[8] In einer Sammelbesprechung für das »Deutsche Adelsblatt« rezensierte Sexau 1936 mehrere Neuveröffentlichungen zur Biografie der Kaiserin Elisabeth von Österreich, darunter auch das eben erschienene »Kaiserin Elisabeth und ich«. Sexau griff die Autorin scharf an, die »allerlei Sensationen und mehr oder weniger ausgesprochene Skandale« in ihrem Werk auftischen würde, »dazu bestimmt, das gefräßige Untier Publikum zu reizen und einen Bucherfolg zu erzielen«. Und weiter: »Im einzelnen auf diese Sammlung von Histörchen einzugehen, die teilweise schon – im Widerspruch zu urkundlich festge-

---

[8] Biografische Angaben nach: Eintrag »Sexau, Richard« in Munzinger Online/Personen – Internationales Biographisches Archiv, www.munzinger.de [zuletzt abgerufen am 12.8.2020].

legten Daten und Tatsachen – sich selbst widerlegen, dürfen wir uns mit Fug sparen. Derlei Dinge gehen weder die ernsthafte Forschung noch eine vornehme Leserschaft an. Obendrein spielt sich die Mehrzahl dieser Geschichten allein unter vier Augen zwischen Kaiserin und Nichte ab, bestenfalls in Gegenwart längst Verstorbener. Sie sind ebensowenig nachprüfbar wie die Andeutungen über Vorfälle intimer Art oder allerlei Anspielungen, die noch peinlicher anmuten als jede ehrliche, ungeschminkte Anklage, weil sie nur einer gewissen Art von Phantasie Tür und Tor öffnen, sich der Nachforschung und Verantwortung jedoch völlig entziehen.«[9]

Es ist wohl diese klare Positionierung Sexaus, die ihn in Berührung mit der Familie Wittelsbach brachte. Es ist die letzte noch lebende Schwägerin der Kaiserin Elisabeth, Herzogin Marie José in Bayern, zum damaligen Zeitpunkt eine hoch betagte Dame und Witwe des Herzogs Carl Theodor, zu der er Kontakt aufnahm. Dabei dürfte hilfreich gewesen sein, dass Sexau in zweiter Ehe mit Maria Josefa von Redwitz verheiratet war. Bei der Familie von Redwitz handelt es sich um Uradel der fränkischen Reichsritterschaft. Der Vater von Maria Josefa war Hofmarschall König Ottos von Bayern gewesen und eine Verwandte aus einer anderen Linie der Familie, die Freiin Marie von Redwitz, fungierte von 1888 bis 1892 bei der uns schon bekannten Herzogin Amelie als Hofdame. Diese Verbindung in die Adelswelt brachte dem bürgerlichen Schriftsteller sicherlich einen Vertrauensbonus ein.

Im umfangreichen Nachlass von Richard Sexau, der in der Bayerischen Staatsbibliothek in München aufbewahrt wird, findet sich auch der Briefwechsel zwischen dem Schriftsteller und Herzogin Marie José in Bayern.[10] Dieser belegt einen ersten Kontakt im März 1937. Schon zum damaligen Zeitpunkt war von einem geplanten Buch die Rede. Am 2. Mai 1937 kam es zu einem ersten persönlichen Treffen zwischen Sexau, seiner Frau und der Herzogin. Nach diesem

---

[9] Im Nachlass von Richard Sexau findet sich ein Sonderdruck dieser Sammelrezension aus dem Deutschen Adelsblatt Nr. 22 vom 22./23. Mai 1936. BSB Ana 346 B.IV.2b.
[10] BSB Ana 346 E.I(Mappe 1.

ersten Austausch formulierte Sexau in einem Brief an die Herzogin, dass er hoffe, mithilfe von »archivalischen Dokumenten, Briefen, Tagebuchaufzeichnungen, Bildern« ein »überzeugend lebensvolles Bild« schaffen zu können und damit »allen Infamien und Verleumdungen den Boden abzugraben«[11]. Offensichtlich schmiedete man den Plan, keine Gegendarstellung zu den »Schmachpublikationen der Baronin Wallersee«[12] zu schreiben, sondern über eine breit angelegte Biografie Herzog Carl Theodors in Bayern ein auf Quellen basierendes, anderes Bild zu zeichnen.

Dass Marie Louise von Wallersee weiterhin ein Buch nach dem anderen publizierte, dürfte den Druck erhöht haben, in die Gegenoffensive zu gehen. Im Herbst 1937 erschien eine Zweitauflage von »Meine Vergangenheit« und Richard Sexau musste bei einem Besuch in München mit großem Schrecken feststellen, dass die Neuausgabe die Schaufenster »ungezählter Buchhandlungen« zierte. Sexau sprach einige Buchhändler darauf an, verlangte sogar, dass man die Auslagen verändere, und bekam zu seinem blanken Entsetzen zu hören, dass die »Wallerseebücher« zu den »meistverlangten und meistverkauften Büchern« gehören würden. Und nicht nur der »Plebs« würde nach diesen Büchern verlangen, sondern auch die sogenannte Gesellschaft, die »beglückt« sei, »für uferlose Klatscherei ergiebige Quellen gefunden zu haben«. Als gebildeter Mann mit Weitblick, der um die Macht des gedruckten Wortes wusste, formulierte Sexau sehr klar seine Befürchtungen: »Das Scherbengericht des Mobs jeglicher Klassen wird schließlich die verleumderischen Lästereien einer Wallersee als verbürgte Geschichtsschreibung den kommenden Geschlechtern übermitteln! Schon heute hat sich ja das von dieser Frau überall verstreute Gift so tief in die Seelen eingefressen, dass es selbst Mitgliedern der ehemaligen Hofgesellschaft Münchens oft ein Sisyphosunterfangen bedeutet, ihnen auszureden, was sie da aus Wallerseeschem Ungeist in sich aufgenommen haben. Wie oft be-

---

[11] Schreiben von Richard Sexau an Herzogin Marie José in Bayern, 4. Mai 1937; BSB Ana 346 E.I(Mappe 1.
[12] Schreiben von Richard Sexau an Herzogin Marie José in Bayern, 27. April 1937; BSB Ana 346 E.I(Mappe 1.

gegnete ich ungläubigem Kopfschütteln, wenn ich gegen die Fabel zu Feld zog, dass M. Wallersee eine uneheliche Tochter der Königin Marie v. Neapel sei.«[13]

Zu Beginn des Jahres 1938 stürzte sich Richard Sexau in die Arbeit. Sein Plan war es, innerhalb von einem Jahr das Buch abschließen zu können, denn 1939 hätte Herzog Carl Theodor in Bayern seinen 100. Geburtstag gefeiert. Doch mit diesem Zeitplan irrte sich der Schriftsteller gewaltig. Gottlob ahnte er 1938 noch nicht, wie lange ihn dieses Mammutprojekt noch beschäftigen würde. In den ersten Monaten konzentrierte sich Sexau auf den persönlichen Austausch mit Herzogin Marie José. Bald schon musste er aber feststellen, dass er so nicht besonders schnell vorankam. Grund für die Verzögerung war die Skepsis der alten Dame, dem Schriftsteller wichtige Dokumente im Original zugänglich zu machen: »Die Frau Herzogin kann sich nur schwer und unter persönlicher Ueberwindung zur Aushändigung von Aufzeichnungen und Schriftstücken im Original überwinden.«[14] Umständlich wurden Abschriften von Dokumenten in Auftrag gegeben, eine Arbeit, die zum Leidwesen von Sexau viel wertvolle Zeit verschlang.

Herzogin Marie José brachte Sexau im Zuge der Arbeiten auch mit weiteren Mitgliedern der Familie in Kontakt. Darunter befand sich unter anderem Fürst Albert von Thurn und Taxis, ein Neffe der Herzogin und über seine Mutter Helene selbst ein halber Wittelsbacher. Ihn traf Sexau im Juli 1938 auf Schloss Garatshausen am Starnberger See.[15] Aber auch zu den Kindern ihrer damals bereits verstorbenen Stieftochter Amelie stellte Marie José den Kontakt her. Im August 1938 stattete die Herzogin zusammen mit den Fürstinnen Margarete und Carola Hilda von Urach dem Schriftsteller einen Besuch auf

---

[13] Alle Zitate aus einem Brief von Richard Sexau an Herzogin Marie José in Bayern, 9. Oktober 1937; BSB Ana 346 E.I(Mappe 1.

[14] Richard Sexau an Fürstin Margarete von Urach, 29. August 1938; HStA Stuttgart GU 128 Büschel 91.

[15] Der Briefwechsel zwischen Richard Sexau und Fürst Albert von Thurn und Taxis befindet sich ebenfalls im Nachlass des Schriftstellers in der Bayerischen Staatsbibliothek; Ana 346 E.I(Mappe 1.

Schloss Ascholding ab. Dabei versorgten Amelies Töchter Richard Sexau mit Material aus dem Nachlass ihrer Mutter. Allerdings handelte es sich auch hierbei um Abschriften, die die beiden unverheirateten, auf Schloss Lichtenstein lebenden Fürstinnen extra angefertigt hatten, da ihnen das Familienarchiv offen stand.[16]

An dieses Treffen anknüpfend blieb Sexau mit Fürstin Margarete von Urach in schriftlichem Kontakt. In einem langen Brief machte er ihr deutlich, wie wichtig es für ihn sei, mit Originaldokumenten zu arbeiten: »Wer ein geschichtlich getreues, allem, Persönlichkeiten wie Verhältnissen gerecht werdendes Werk schreiben will, muss aus den Quellen selbst schöpfen können. Laufen die Quellen durch so und so viele Siebe, überall Rückstände hinterlassend, so bleibt schliesslich ein Rinnsal, das von der Kraft und Eigenart der Quelle nahezu nichts mehr in sich schliesst. Der Forscher muss seine Kenntnisse aus erster Hand beziehen. Wie soll ein Anderer wissen und beurteilen können, was ihm aus dem vorliegenden Material für das innere Wachstum des Werkes von Wert und Wichtigkeit ist?«[17] Gegenüber der 37-jährigen Fürstin sprach Sexau auch vorsichtig ein »Bedenken« an, das seiner Ansicht nach im Raum stehen könnte und das er in keinem seiner Briefe an Herzogin Marie José thematisierte: In erster Ehe war der Schriftsteller mit Margarethe von Krafft-Ebing verheiratet gewesen, einer Tochter des berühmten Psychiaters Richard von Krafft-Ebing, dessen schriftlichen Nachlass Sexau – seinen eigenen Angaben nach – verwaltete. Durch diese Unterlagen hatte er Einblick in ein heikles Kapitel der herzoglichen Familie, denn im Jahre 1887 hatte Herzog Carl Theodor die Einweisung seiner jüngeren Schwester Herzogin Sophie Charlotte von Alençon in eine psychiatrische Anstalt betrieben. Mit diesem Vorgehen wollte man die Herzogin daran hindern, sich scheiden zu lassen, um einen bürgerlichen

---

[16] Dieser Besuch geht aus zwei Briefen hervor: Richard Sexau an Herzogin Marie José in Bayern, 15. August 1938 und Richard Sexau an Fürst Albert von Thurn und Taxis, 28. August 1938; beide: BSB Ana 346 E.I(Mappe 1.

[17] Richard Sexau an Fürstin Margarete von Urach, 29. August 1938; HStA Stuttgart GU 128 Büschel 91.

Arzt zu heiraten. Die psychiatrische Anstalt, in die man Sophie Charlotte einweisen ließ, leitete – wir ahnen es – eben jener Richard von Krafft-Ebing, der auch maßgeblich daran beteiligt war, die erfundene psychische Erkrankung zu attestieren.[18] Der herzoglichen Familie musste klar sein, dass Richard Sexau durch den Einblick in die Tagebücher seines Schwiegervaters über diesen Vorfall – den man nach außen hin zu vertuschen versucht hatte – umfassend informiert war. Ob dieser Umstand tatsächlich eine Rolle spielte, wissen wir nicht. Fürstin Margarete von Urach ging jedenfalls in ihrem Antwortschreiben mit keinem Wort darauf ein. Es lässt sich aber auch nicht feststellen, dass Sexau bei seiner Recherchearbeit Steine in den Weg gelegt worden wären. Allerdings könnte es der Grund sein, weshalb Herzogin Marie José anfänglich zögerte, Sexau die notwendigen Dokumente im Original zugänglich zu machen.

Auch wenn das Material für die im Entstehen begriffene Carl Theodor-Biografie von einigen Seiten nur sehr zäh floss, mit der Zuarbeit von Amelies Töchtern Margarete und Carola Hilda war Sexau sehr zufrieden: »Ich kann gar nicht häufig genug betonen, wie sehr mich die Hilfsbereitschaft und Mitarbeit, die ich vom Lichtenstein aus erfahre, beglückt und verpflichtet.«[19] Im Juni 1939, zehn Monate nach dem ersten Kennenlernen, weilte der Schriftsteller für ein Wochenende zu Besuch auf Schloss Lichtenstein, wohin ihn die beiden Fürstinnen eingeladen hatten.[20] Wir dürfen annehmen, dass Sexau einen guten Eindruck dort hinterlassen hat, denn wenige Tage nach seinem Besuch traf auf Schloss Ascholding eine Sendung ein, die offensichtlich einiges Archivmaterial im Original beinhaltete, wie wir aus einer Empfangsbestätigung schließen können. Neben zehn

---

[18] Dazu ausführlich Christian Sepp: Sophie Charlotte. Sisis leidenschaftliche Schwester, München 2017.
[19] Richard Sexau an Fürstin Margarete von Urach, 17. Oktober 1938; HStA Stuttgart GU 128 Büschel 91.
[20] Laut einem Fremdenbuch hielt sich Richard Sexau vom 24. Juni bis 26. Juni 1939 auf Schloss Lichtenstein auf; HStA Stuttgart GU 20 Büschel 402. Für diese Mitteilung danke ich sehr herzlich Eberhard Merk vom Hauptstaatsarchiv Stuttgart.

Tagebuchbänden aus der Feder von Herzogin Amelie enthielt diese Sendung auch die beiden Hefte mit den »Erinnerungen an Großmama«. Dass es sich in diesem Fall um keine Abschriften handelte, beweist die Tatsache, dass Sexau in seiner Empfangsbestätigung die Farbe der Heftumschläge erwähnte.[21] Für die Auswertung dieser umfangreichen Archivalien hatte Sexau offensichtlich nur wenig Zeit, denn nach gut 14 Tagen sollten diese wieder retour geschickt werden.[22] Ob Sexau es geschafft hat, in dieser kurzen Zeitspanne alles durchzuarbeiten, ist fraglich.

Jedenfalls können wir jetzt nachvollziehen, wieso sich im Nachlass von Richard Sexau eine Abschrift der »Erinnerungen an Großmama« befindet. Diese umfasst 22 Seiten und wurde mit Hilfe einer Schreibmaschine angefertigt. Vergleicht man diese mit anderen Dokumenten aus Sexaus Nachlass, so kommt man aufgrund der Maschinenschrift zu dem Schluss, dass Sexau die Abschrift der »Erinnerungen« selbst angefertigt haben muss. Die Frage, ob Sexau das Original als Vorlage hatte oder ob er nur eine Abschrift des Originals abgetippt hat, können wir nicht mit letztendlicher Gewissheit beantworten. Wir wissen mit Sicherheit, dass Sexau im Besitz des Originals war – wenigstens für einen gewissen Zeitraum. Möglicherweise hatte Sexau aber auch Amelies »Erinnerungen« schon zu einem früheren Zeitpunkt bekommen. Amelies Töchter Margarete und Carola Hilda von Urach hatten Sexau ja bereits vor seinem Besuch auf Schloss Lichtenstein mit Abschriften aus dem dortigen Archiv versorgt.

Diese Frage ist deshalb von größerer Bedeutung, da nun, wo das Original der »Erinnerungen« im Hauptstaatsarchiv Stuttgart zugänglich ist, feststeht, dass die beiden Schriftstücke voneinander abweichen. Einige Textstellen wurden in der Abschrift verändert. Es fällt auf, dass es sich bei diesen Stellen meist um Personenbeschreibungen handelt, die geschönt und entschärft wurden. Doch darauf

---

[21] Richard Sexau an Fürstin Margarete von Urach, 29. Juni 1939; HStA Stuttgart GU 128 Büschel 95.
[22] Richard Sexau an Fürstin Margarete von Urach, 7. Juli 1939; HStA Stuttgart GU 128 Büschel 95.

werden wir an anderer Stelle noch ausführlicher zu sprechen kommen. Zuerst wollen wir uns der Frage zuwenden, wie es Richard Sexau mit der Realisierung seiner Carl Theodor-Biografie weiter erging.

Wenige Wochen nach seinem Besuch auf Schloss Lichtenstein im Sommer 1939 brach der Zweite Weltkrieg aus. Trotzdem setzte Sexau seine Forschungen weiter mit großem Eifer fort, er durchstreifte Archive und suchte Privatsammlungen auf. Kurz vor dem Weihnachtsfest des Jahres 1940 konnte er seiner Auftraggeberin vermelden: »Eine nahezu unermessliche Fülle von Stoff ist gesammelt und in die Scheune gebracht.«[23] Einige Monate später, im Mai 1941, berichtete er Fürst Albert von Thurn und Taxis von einer Forschungsreise, die ein Vierteljahr in Anspruch genommen hätte, und von »nahezu 100 Bände[n] an Tagebüchern«[24], die er durchgearbeitet habe. Zu diesem Zeitpunkt hegte Sexau den Plan, mithilfe des erschlossenen Quellenmaterials gleich mehrere Bücher zu füllen. Er spricht in diesem Zusammenhang von einem »Gesamtwerk und seine[n] Folgebände[n]«.[25]

Doch dann begann sich der Krieg mehr und mehr auf den Fortgang dieses Vorhabens auszuwirken. Im Oktober 1941 musste Sexau Herzogin Marie José davon in Kenntnis setzen, dass der Druck des Buches momentan unmöglich sei, da ihm »Papier- und Leinenmaterial« versagt würden – »ein nahezu tödlicher Schlag in dieser Zeit«.[26] Doch diese Probleme sollten ihm bald wie Lappalien erscheinen. Im Jahr darauf traf der Krieg die Familie seiner Frau schwer. Kurz nacheinander fielen zwei seiner Neffen an der russischen Front. Die beiden jungen Männer waren dem Ehepaar Sexau sehr nahegestanden:

---

[23] Richard Sexau an Herzogin Marie José in Bayern, 22. Dezember 1940; BSB Ana 346 E.I(Mappe 1.

[24] Richard Sexau an Fürst Albert von Thurn und Taxis, 7. Mai 1941; BSB Ana 346 E.I(Mappe 1.

[25] Richard Sexau an Fürst Albert von Thurn und Taxis, 7. Mai 1941; BSB Ana 346 E.I(Mappe 1.

[26] Richard Sexau an Herzogin Marie José in Bayern, 2. Oktober 1941; BSB Ana 346 E.I(Mappe 1.

»Wir gehen wie betäubt durch den Alltag«[27], schrieb der Schriftsteller im Juli 1942 an Herzogin Marie José.

Wenige Monate später, am 11. März 1943, starb kurz vor ihrem 86. Geburtstag Herzogin Marie José, die treibende Kraft hinter dem großen Buchprojekt. Verbunden mit den Kriegswirren ging Sexau nun der Kontakt zu einzelnen Personen verloren, von denen noch Beiträge zur Biografie des Herzogs zu erwarten gewesen wären. Trotzdem schritt die Arbeit weiter voran, auch wenn die Einschläge immer heftiger wurden. Graf Rudolf von Marogna Redwitz, Vater der gefallenen Neffen und Sexaus Schwager, war aktiv im Widerstand gegen das NS-Regime. Er gehörte zu dem engeren Kreis rund um Graf Schenk von Stauffenberg. Im Zuge des gescheiterten Attentats vom 20. Juli 1944 wurde er verhaftet und wenige Wochen später hingerichtet. Auch das Kriegsgeschehen rückte immer näher. Im Dezember 1944 berichtete Richard Sexau aus Schloss Ascholding an Fürstin Margarete von Urach: »Immer wieder wird man herausgerissen, schon allein durch die häufigen Alarme, die Angriffe auf München und unsere Umgebung, wo ja auch schon allerlei Bomben fielen, nicht allzuweit vom Schloss entfernt; […] der Alpdruck wächst.«[28]

1945 ging der Krieg zu Ende und Sexau arbeitete immer noch an der Fertigstellung der Biografie. Am Ende des Jahres war ungefähr ein Drittel des Buches druckfertig und er hoffte, dass im darauffolgenden Jahr »das Werk unter den Christbäumen liegen kann, wenn die Verlage und Druckereien wieder regelmäßig arbeiten dürfen«[29]. Doch auch dieser Termin konnte nicht realisiert werden und es sollten noch einige Weihnachtsfeste ins Land ziehen, bis es tatsächlich an die Drucklegung des fertigen Werkes ging. Da waren die 1960er-Jahre bereits angebrochen.

---

[27] Richard Sexau an Herzogin Marie José in Bayern, 21. Juli 1942; BSB Ana 346 E.I(Mappe 1.

[28] Richard Sexau an Fürstin Margarete von Urach, 19. Dezember 1944; HStA Stuttgart GU 128 Büschel 115.

[29] Richard Sexau an die Fürstinnen Margarete und Carola Hilda von Urach, 28. Dezember 1945; HStA Stuttgart GU 128 Büschel 119.

Sein Vorwort eröffnete Sexau damit, dass er mehr als »zwei Jahrzehnte seines Lebens«[30] diesem Buch gewidmet habe. Das Werk war ursprünglich auf zwei Bände angelegt, doch offensichtlich war das dem Styria Verlag, in dessen Programm die Carl-Theodor-Biografie erscheinen sollte, zu umfangreich. Wir können nur erahnen, wie Richard Sexau sich nach der sehr langen und intensiven Phase der Recherche gefühlt haben muss, als es daran ging, das fertige Buch zusammenzustreichen. Er konnte seine Arbeit allerdings nicht abschließen. Am 23. August 1962 verstarb Richard Sexau in München im Alter von 80 Jahren, ohne das fertige Buch je in Händen gehalten zu haben. Seine Witwe, Maria Josefa Sexau, verfasste im Januar 1963 einen Zusatz zum Vorwort ihres Mannes. Sie wies darauf hin, dass die Verantwortung für die »unvermeidbaren erheblichen Kürzungen«[31] beim Verlag lägen. Diese Aussage legt nahe, wie groß die Einschnitte in das fertige Manuskript gewesen sein müssen. Zehn Jahre nach dem Tod Sexaus gelangte sein umfangreicher literarischer Nachlass über seine Erbengemeinschaft in den Besitz der Bayerischen Staatsbibliothek in München, wo er noch heute verwahrt wird.

Sexaus wertvolle Quellenabschriften nutzte als erste die deutsch-österreichische Historikerin Brigitte Hamann. Sie hatte 1977 mit einer Arbeit über Kronprinz Rudolf von Österreich promoviert und verfasste im Anschluss daran eine wegweisende Biografie über dessen Mutter, die erstmals 1982 unter dem Titel »Elisabeth – Kaiserin wider Willen« erschien.[32] Grundlage des Buches bildeten die Gedichte der Kaiserin, die Hamann im Schweizerischen Bundesarchiv in Bern aufgespürt hatte. Für Quellen zur Geschichte der Familie griff sie auf den Nachlass von Richard Sexau zurück. In ihrem Vorwort können wir lesen: »Überaus viel Neues verdanke ich dem Nachlaß des Münchner Archivars und Historikers Richard Sexau. Sexau machte ausführliche und zuverlässige Abschriften von Quellen, die sich in

---

[30] Richard Sexau: Fürst und Arzt. Dr. med. Herzog Carl Theodor in Bayern, Graz 1963, S. XI.
[31] Richard Sexau: Fürst und Arzt, S. XV.
[32] Brigitte Hamann: Elisabeth. Kaiserin wider Willen, Wien / München 1982.

Privatbesitz befinden und mir leider nicht im Original zugänglich waren.«[33] Die Charakterisierung als Archivar und Historiker hätte Sexau sicherlich nicht gefallen, sah er sich selbst doch viel treffender als »Dichter und Kulturphilosoph« beschrieben.[34] Unter den von Brigitte Hamann genutzten Abschriften befanden sich unter anderem auch die »Erinnerungen an Großmama«, aus denen sie in »Elisabeth – Kaiserin wider Willen« an mehreren Stellen zitierte.

In den folgenden Jahren arbeiteten verschiedene Historikerinnen und Historiker mit dem Nachlass von Richard Sexau. Aus diesen Arbeiten greifen wir eine heraus und zwar die Edition der Tagebücher von Erzherzogin Marie Valérie von Österreich, der Lieblingstochter von Kaiserin Elisabeth. Das Ehepaar Martha und Horst Schad verwendete die in Sexaus Nachlass befindliche Abschrift als Grundlage für ihre Quellenedition, die erstmals 1998 erschien und in mehreren Auflagen große Verbreitung fand.[35] Die Herausgeber bezeichnen Sexau – wie Hamann – als »Archivar und Historiker« und geben fälschlicherweise das Bayerische Hauptstaatsarchiv als Aufbewahrungsort der Tagebücher der Erzherzogin an.[36] Ob Sexau diese im Original vorlagen, muss bezweifelt werden, denn im Vorwort zu seiner Carl Theodor-Biografie erwähnt er, dass die Tochter Marie Valéries, in deren Besitz sie sich befanden, die Tagebücher »einsehen ließ«[37].

Die Frage, ob es sich bei den Dokumenten in Sexaus Nachlass um Abschriften nach Originalen oder um Abschriften von Abschriften handelt, ist deshalb von so großer Bedeutung, da die bisherige For-

---

[33] Brigitte Hamann: Elisabeth, S. 14.
[34] So der Titel einer Sendung des südwestdeutschen Rundfunks zu Sexaus 70. Geburtstag. Richard Sexau an Maria von und zu Bodman, 8. November 1951; ders. an die Fürstinnen Margarete und Carola Hilda von Urach, 21. Dezember 1951. Beide Briefe: HStA Stuttgart, GU 128 Büschel 143.
[35] Marie Valérie von Österreich: Das Tagebuch der Lieblingstochter von Kaiserin Elisabeth, hrsg. v. Martha und Horst Schad, München 1998.
[36] Marie Valérie von Österreich: Das Tagebuch der Lieblingstochter von Kaiserin Elisabeth, hrsg. v. Martha und Horst Schad, S. 8.
[37] Richard Sexau: Fürst und Arzt, S. XII.

schung davon ausgegangen war, dass das in diesem Nachlass liegende Material als sehr zuverlässig anzusehen sei. Der nun möglich gewordene direkte Abgleich zwischen Original und Abschrift hat aber nun im Falle der »Erinnerungen an Großmama« ergeben, dass dem nicht so ist, denn zwischen Original und Abschrift treten durchaus Abweichungen auf. Diese Unterschiede wollen wir uns nun etwas genauer ansehen.

Herzogin Ludovika in Bayern hatte eine Charaktereigenschaft, die für ihre Persönlichkeit sehr bezeichnend ist und in Kreisen des Hochadels im 19. Jahrhundert wohl eher selten anzutreffen war. Und das war eine gewisse Direktheit, mit der sie Dinge auszusprechen pflegte. Diese Offenheit machte die Herzogin zu einer beliebten Gesprächspartnerin innerhalb ihrer großen Familie. Sie prägte damit nicht nur ihre Kinder, sondern auch ihre Enkelin Amelie, die einen Großteil ihrer Kindheit an der Seite der Herzogin verbrachte. Dies zeigt sich deutlich in ihren »Erinnerungen«, in denen sie versucht, ein realistisches Bild ihrer Verwandtschaft zu zeichnen, mit allen Licht- und Schattenseiten.

Die Abweichungen zwischen dem Original und der Abschrift der »Erinnerungen« betreffen in erster Linie Amelies Beschreibungen einzelner Familienmitglieder. Mal ist es ein negativ konnotiertes Adjektiv, das aus dem Text gestrichen wurde, mal ist es ein ganzer Absatz. Eine Gegenüberstellung der am stärksten veränderten Textpassagen findet sich im Anschluss an die Edition des Originaltextes. Es sind insbesondere drei Familienmitglieder, deren Charakterisierung im Nachhinein korrigiert wurde: Ludovikas älteste Tochter Herzogin Helene in Bayern, Ludovikas Ehemann Herzog Max und Ludovikas ältere Schwester, Erzherzogin Sophie von Österreich. Während die Aussagen im Falle von Herzogin Helene lediglich ihr Aussehen und ihre Zeit als schwieriger Teenager betreffen, sind es bei Herzog Max insbesondere Belege dafür, dass das Zusammenleben der beiden Ehepartner nicht harmonisch verlief. So wurde beispielsweise eine Textstelle getilgt, in der Amelie von der »Gleichgültigkeit« und der »Untreue« ihres Großvaters gegenüber ihrer Großmutter spricht. Auch erwähnt Amelie mehr oder weniger beiläufig eine Eigenschaft ihres Großvaters, die bisher in keiner anderen Quelle zur Sprache kam: Wenn Herzog Max sich über seine Familie ärgerte und zornig wurde konnte er wohl auch handgreiflich werden. Amelie bezieht sich dabei auf eine Geschichte, die ihr der Oberhofmeister ihrer Großmutter, Karl von Wulffen, erzählt habe. Und zwar habe sich Herzog Max bei einer Gelegenheit über seine Tochter Elisabeth, die zu damaligen Zeitpunkt bereits mit dem Kaiser von Österreich verlobt war, so geärgert, dass er Sisi »am Hals packte«, wie Amelie es formuliert. Diese Szene spielte sich wohl vor einem größeren Publikum ab, zumindest war auch Herzogin Ludovika anwesend, die »ganz unglücklich« daneben gestanden sei. Diese Episode findet sich nur im Original der »Erinnerungen«, in der Abschrift fehlt sie.

Die dritte Person, deren Charakter durch die Eingriffe in den Originaltext etwas milder gezeichnet wurde, war Erzherzogin Sophie von Österreich. Sie war nicht nur Ludovikas ältere Schwester, sondern nach der Heirat ihres ältesten Sohnes Kaiser Franz Joseph I. mit Herzogin Elisabeth auch deren Schwiegermutter. Amelie charakterisiert ihre Großtante Sophie als eine durch ihr Schicksal »sehr harte herrische Frau«. In der Abschrift wurde zur Abmilderung dieser Beschreibung das »herrische« gestrichen. Die Persönlichkeit der Erzherzogin ist deshalb von besonderer Bedeutung, da sich ihr Verhalten auch auf die junge Ehe von Kaiser Franz Joseph I. und Kaiserin Elisabeth ausgewirkt hat. Amelie hält fest, dass die Erzherzogin »kein Herz für die Wünsche des jungen Paares« gehabt hätte. Und Elisabeth habe nicht nur unter dem Zwang der österreichischen Etikette gelitten, sondern auch unter der »Herrschaft ihrer Schwiegermutter«. Es versteht sich fast von selbst, dass in der Abschrift diese Formulierung gestrichen wurde.

# II. DIE VERFASSERIN: HERZOGIN AMELIE VON URACH

Nachdem wir nun einiges über die Entstehung der »Erinnerungen an Großmama« erfahren haben, wollen wir in diesem Kapitel die Verfasserin näher in Augenschein nehmen. Wer war Herzogin Amelie von Urach?

Ihre Person kurz vorzustellen ist gar nicht so einfach, denn bisher existiert keine biografische Aufarbeitung ihres Lebens, auf die wir zurückgreifen könnten. Aber es stehen uns einige Quellenbestände zur Verfügung, die uns eine erste Annäherung ermöglichen. Da wären zum einen die im Original erhaltenen Briefe zu nennen, die Herzogin Ludovika in Bayern an ihre Enkelin Amelie geschrieben hat.[1] Zum anderen haben wir Zugriff auf Abschriften der Briefe ihres Vaters Herzog Carl Theodor in Bayern, die er im Laufe seines Lebens an seine älteste Tochter gerichtet hat.[2] Amelie führte darüber hinaus in der Zeit vor ihrer Eheschließung mehrere Tagebücher, aus denen

*Früh zur Halbwaise geworden entwickelte Amelie eine enge Bindung an ihre Großmutter Ludovika, die ihre Enkelin als ihr »Herzens Mädi« bezeichnete.*

---

[1] Herzogin Ludovika in Bayern an ihre Enkelin Amelie in Bayern, 1878 bis 1890; HStA Stuttgart, GU 118 Büschel 150.

[2] Herzog Carl Theodor in Bayern an seine Tochter Amelie, 1879 bis 1908; BSB Ana 346 B.I.5.d.

sich Auszüge im Nachlass von Richard Sexau befinden.[3] An gedruckten Quellen sind in erster Linie die Aufzeichnungen der Freiin Marie von Redwitz zu nennen, die zwischen 1888 und 1892 als Hofdame bei Amelie fungierte[4] sowie das Tagebuch von Amelies Cousine und Freundin, Erzherzogin Marie Valérie von Österreich.[5]

Amelie kam in der Nacht auf den 24. Dezember 1865, um halb 4 Uhr morgens, im Herzog-Max-Palais in München zur Welt. Ihre Eltern waren Herzog Carl Theodor in Bayern und seine Frau Sophie, eine geborene Prinzessin von Sachsen. Zwei Tage später fand die feierliche Taufe der Neugeborenen statt, die nach ihrer Großmutter mütterlicherseits Amalie genannt wurde. Ihren besonderen Geburtstag teilte sich Amelie mit dem berühmtesten Mitglied ihrer Familie: 28 Jahre zuvor war – ebenfalls im Herzog-Max-Palais – ihre Tante Elisabeth zur Welt gekommen. Elisabeth, in der Familie von allen »Sisi« genannt, war zum Zeitpunkt von Amelies Geburt als Gemahlin von Franz Joseph I. Kaiserin von Österreich und eine gefeierte Schönheit. Zur Hochzeit von Amelies Eltern im März des Jahres 1865 trat die Kaiserin in einem Ensemble auf, das zusammen mit Elisabeth unsterblich werden sollte. Es handelt sich um das weiße, mit Sternen bestickte Ballkleid, zu dem sie die legendären Diamantsterne im üppigen Haar trug, die extra für diese Robe angefertigt worden waren.

Amelies Eltern waren Cousin und Cousine. Diese nahe Verwandtschaft stellte in den Herrscherhäusern Europas keine Seltenheit dar, da die Auswahl an standesgemäßen Ehepartnern sehr begrenzt war. Herzog Carl Theodor entstammte dem Hause Wittelsbach, der Familie, die seit dem Hochmittelalter die bayerischen Herrscher stell-

---

[3] Amelies Tagebücher umfassen den Zeitraum von 1883 bis 1892. Auszüge daraus befinden sich im Nachlass von Richard Sexau; BSB Ana 346 B.I.6.b. Die Originale der Tagebücher befinden sich seit Kurzem im HStA Stuttgart, konnten aber im Rahmen der vorliegenden Arbeit nicht eingesehen werden.
[4] Marie Freiin von Redwitz: Hofchronik, 1888–1921, München 1924.
[5] Marie Valérie von Österreich: Das Tagebuch der Lieblingstochter von Kaiserin Elisabeth, hrsg. v. Martha und Horst Schad, München 2013.

te. Amelies Mutter Sophie war ein Spross des Hauses Wettin, ihre Eltern waren König Johann I. und Königin Amalie von Sachsen. Das sächsische Herrscherpaar hatte zusammen drei Söhne und sechs Töchter. Zum großen Leidwesen der Eltern verstarben in den Jahren vor Amelies Geburt vier ihrer Töchter kurz nacheinander. Keine von ihnen war älter als 30 Jahre geworden.

Angesichts dieser Tatsache kann man gut nachvollziehen wie groß der Schrecken war, als die junge Mutter wenige Tage nach Amelies Geburt hohes Fieber bekam. Herzogin Sophie in Bayern, die in der Familie von allen wegen ihrer Herzensgüte sehr geschätzt wurde, erholte sich wieder. Man nahm an, dass es sich um eine Rippenfellentzündung gehandelt habe. Der jungen Herzogin blieb jedoch nur noch wenig Zeit. Ein gutes Jahr später, im März 1867, erschütterte eine starke Grippe ihre Gesundheit. Als eine Kehlkopfentzündung hinzu kam nahm die Krankheit rasch einen bedrohlichen Verlauf. Am 9. März 1867 verstarb Herzogin Sophie in Bayern im Herzog-Max-Palais, wenige Tage vor ihrem 22. Geburtstag. Amelie war damals 15 Monate alt.

Der Tod der jungen, lebenslustigen Herzogin traf die ganze Familie, insbesondere den jungen Witwer, schwer. Von nun an kümmerte sich die Mutter Carl Theodors intensiv um ihre kleine Enkelin. Herzogin Ludovika in Bayern war zu diesem Zeitpunkt 58 Jahre alt. Eine innige Bindung zwischen der Großmutter und ihrer Enkelin entstand. Ludovika war eine geborene Prinzessin von Bayern, Amelies sächsische Großmutter war ihre ältere Schwester. Ihr Ehemann, Herzog Maximilian in Bayern, ebenfalls ein Mitglied des Hauses Wittelsbach, entstammte aber im Gegensatz zu seiner Frau einer nicht regierenden Nebenlinie. Herzogin Ludovika und Herzog Max hatten zwar eine große Kinderschar in die Welt gesetzt, waren aber von sehr gegensätzlichem Wesen und lebten eine Ehe auf Distanz. Herzog Max zeigte wenig Interesse an seinen Kindern und überließ es Ludovika, sich um die Erziehung der drei Söhne und fünf Töchter zu kümmern. Die liebevolle Fürsorge, mit der Ludovika ihren Nachwuchs umgab, spiegelt sich wieder in einer lebenslangen Anhänglichkeit ihrer Söhne und Töchter, die ihre Mutter in ihren Briefen alle mit »Mimi« ansprachen.

Lebensmittelpunkt von Herzogin Ludovika und ihren Kindern war Schloss Possenhofen am Ufer des südlich von München gelegenen Starnberger Sees. Ludovika, die sich selbst als »Naturfex«[6] bezeichnete, zog das Leben auf dem Land dem in der Stadt bei weitem vor. Die warmen Monate des Jahres verbrachte sie vorwiegend auf dem in der ganzen Familie liebevoll »Possi« genannten Schloss und kehrte erst im späten Herbst – meist recht unwillig – in die Residenzstadt und in das von ihr wenig geliebte, prunkvolle Herzog-Max-Palais zurück. So verwundert es nicht, dass man die kleine Amelie nach dem Tod ihrer Mutter nach Possenhofen brachte. Von hier aus berichtete Ludovika Mitte Juni 1867 einer ihrer Schwestern: »Unsere Kleine ist ein liebliches Kind, sehr entwickelt, intelligent, hat die Heiterkeit ihrer Mutter und macht dem armen Vater viel Freude; er giebt sich sehr viel mit ihr ab und nimmt sich selbst um alles an.«[7]

Von der engen Bindung zwischen Großmutter und Enkelin zeugen die Briefe, die Ludovika an Amelie richtete, wenn diese nicht in ihrer Nähe war. Darin finden wir die typischen Sorgen, die sich eine Großmutter um ein heranwachsendes Mädchen macht: »[...] ich hoffe Deine Zähne werden bald wieder gerade werden, bei Cousine Luise ist es sehr gut geworden die anderen zwei tragen ihre Maschinen noch.«[8] Die Herzogin betonte auch immer wieder, wir sehr sie ihre Enkelin vermisse: »Du, mein liebes Mädi, gehst mir aufrecht ab, es ist so still um mich herum.«[9] Selbst die Aussicht auf ihre Übersiedlung im aufkeimenden Frühling nach Possenhofen heiterte Ludovika nicht auf, wenn Amelie nicht mit von der Partie war:

---

[6] Herzogin Ludovika in Bayern an Herzogin Amelie, 8. Mai 1885; HStA Stuttgart GU 118 Büschel 150.

[7] Herzogin Ludovika in Bayern an Erzherzogin Sophie von Österreich, 15. Juni 1867; BSB NL Richard Sexau Ana 346 B.I.5.e.

[8] Herzogin Ludovika in Bayern an ihre Enkelin Amelie, 21. September 1875; HStA Stuttgart GU 118 Büschel 150.

[9] Herzogin Ludovika in Bayern an ihre Enkelin Amelie, 11. März 1877; HStA Stuttgart GU 118 Büschel 150.

»Allein, nach Possi zu gehen, freut mich nicht […].«[10] Das einst so belebte Schloss sei »jetzt so still und leer«.[11] Mit zunehmendem Alter und einem langsam damit einhergehenden Verlust ihres Augenlichts fiel es der alten Dame immer schwerer, Abschied zu nehmen. Als im Herbst 1885 Amelie für ein paar Wochen zur Verwandtschaft nach Österreich übersiedelte und Ludovika kurz vor dem Aufbruch erkrankte, schickte sie ihr folgende Zeilen: »Dich nicht zu sehen, vor Deiner Abreise, fällt mir ungeheuer schwer! – Gott weiß, wann ich Dich wieder sehe, und wo! – In meinem hohen Alter fällt jede Trennung doppelt schwer!«[12] Als Ludovikas Sehkraft so schwach geworden war, dass sie nicht mehr in der Lage war, selbst zur Feder zu greifen, übernahm dies ihre Oberhofmeisterin Adolfine Reichlin von Meldegg, die seit 25 Jahren in den Diensten der Familie stand. Amelie – die sich gerade auf Kur befand – bekam in einem Brief aus »Possi« folgendes zu lesen: »Eines aber möchte ich Ihnen selbst noch sagen, nämlich daß sie uns sehr, sehr also: einmal sehr, nochmal sehr und nochmal sehr abgehen!«[13]

Herzogin Ludovika wirkte prägend auf Wesen und Charakter ihrer Lieblingsenkelin. Hier ist an erster Stelle Ludovikas Naturverbundenheit zu nennen und ihre Vorliebe, bei jeder Witterung durch die Natur zu streifen, bevorzugt um Possenhofen herum. Amelie notierte dazu in ihren Erinnerungen: »Von ihr haben wir wohl alle die große Liebe zur freien Natur zu Wald und Wiese, zum Aufenthalt in frischer Luft, zu stundenlangen Fußwanderungen.« Aber auch die Tierliebe, die Herzogin Ludovika ihr Leben lang pflegte, ist hier zu nennen. In den Familienbriefen werden immer wieder Hunde erwähnt, die einen festen Bestandteil im herzoglichen Haushalt bildeten. So war

---

[10] Herzogin Ludovika in Bayern an ihre Enkelin Amelie, 26. April 1885; HStA Stuttgart GU 118 Büschel 150.
[11] Herzogin Ludovika in Bayern an ihre Enkelin Amelie, 8. Mai 1885; HStA Stuttgart GU 118 Büschel 150.
[12] Herzogin Ludovika in Bayern an ihre Enkelin Amelie, 27. September 1885; HStA Stuttgart GU 118 Büschel 150.
[13] Adolfine Reichlin von Meldegg an Herzogin Amelie in Bayern, 18. Juni 1890; HStA Stuttgart GU 118 Büschel 25.

neben ihrer Enkelin Amelie eine Hündin namens Lupa Ludovikas ständige Begleiterin im Alter. Auf fast jeder Fotografie, die wir von der Herzogin besitzen, ist irgendwo auch Lupa zu entdecken. Bei Lupa handelte es sich um einen Volpino Italiano, einer in Italien gezüchteten Spitz-Rasse, für die die Herzogin eine große Vorliebe hegte. Im herzoglichen Haus genossen die Vierbeiner viele Freiheiten. So nahm selbst bei großen Diners zu feierlichen Anlässen Lupa auf dem Schoß ihrer Herrin Platz, wobei der weiße Kopf mit der rosigen Schnauze unter der Serviette hervorlugte.[14] Auch Amelie besaß als Jugendliche eine Hündin, die sie stets begleitete und die auch in ihrem Tagebuch Erwähnung findet. Es handelte sich um eine Foxterrierhündin, die auf den Namen Fricka hörte. Außerdem wurden noch einige Vögel gehalten. Als Amelie sich im Frühjahr 1877 in Italien aufhielt, unterrichtete ihre Großmutter sie schriftlich über das Befinden der gefiederten Mitbewohner[15] und nach deren Rückkehr schrieb Ludovika einer anderen Enkelin: »Mädi ist sehr gerne wieder zu Hause, freut sich über ihre Vögel, von denen sie behauptet, sie hätten sie alle wieder erkannt.«[16]

Eine weitere Charaktereigenschaft, die Großmutter und Enkelin teilten, war die bereits erwähnte Offenheit, Dinge beim Namen zu nennen. Amelie formuliert das in ihren »Erinnerungen« in Bezug auf ihre Großmutter in einem zentralen Satz: »Großmama war sehr wahrheitsliebend, besah sich die Welt mit offenen Augen und äußerte ihr Urteil über ihre Angehörigen ohne jede Beschönigung.« Dies beobachtete auch die Hofdame Marie von Redwitz, die Herzogin Ludovika erst im hohen Alter von 80 Jahren kennenlernte: »Auffallend war, mit welcher Objektivität die alte Frau über alles urteilte. Diese Klarheit und seltene Sachlichkeit, die völlige Unparteilichkeit begriff so viele großzügige Eigenschaften in sich und schloß kleinliche Schwächen aus. Es berührte oft komisch, wie sie über die ihr

---

[14] Marie von Redwitz: Hofchronik, S. 22.
[15] Herzogin Ludovika in Bayern an ihre Enkelin Amelie, 11. März 1877; HStA Stuttgart GU 118 Büschel 150.
[16] Herzogin Ludovika in Bayern an ihre Enkelin Elisabeth von Thurn und Taxis, 1. Mai 1877; BSB NL Richard Sexau Ana 346 B.I.5.e.

Nächststehenden sprach.«[17] Da Amelie in dieser Atmosphäre aufwuchs, prägte sie diese Offenheit. Und sie machte sie sich zu eigen. Marie von Redwitz beobachtete auch bei Amelie eine »gerade Natur«[18]. Diese Geradlinigkeit spiegelt sich in den »Erinnerungen an Großmama« wieder und macht sie besonders wertvoll, denn es werden auch Konfliktlinien innerhalb der Familie benannt, ohne allerdings einzelne Person bloßzustellen oder zu diffamieren. Amelie betont dies auch in ihren Aufzeichnungen: »Ich halte mich hierbei genau an Großmamas Erzählungen und beschönige nichts, bleibe überhaupt immer bei der genauen Wahrheit.«

Liest man in den »Erinnerungen an Großmama« so fällt auf, dass die Familiengeschichte aus einem weiblichen Blickwinkel geschildert wird. Amelie berichtet zum größten Teil über Personen, die sie nur aus der Erzählungen ihrer Großmutter gekannt hat. Im Grund genommen überliefert uns Amelie das, was Ludovika ihr in langen Stunden des Zusammenseins über die weit verzweigte Verwandtschaft berichtete. Und in dieser weiblichen Überlieferungsgeschichte nehmen die Frauen nicht nur mehr Platz ein, es werden auch Themen beleuchtet, die speziell Frauen betreffen. Wie beispielsweise die Verheiratung in dynastischen Systemen, in denen der Frau wenig bis keine Wahlmöglichkeit blieb. War ein Heiratsantrag einmal formuliert, musste ein triftiger Grund vorliegen, diesen ohne politische Folgen auszuschlagen. Amelie schildert die emotionale Belastung einer Verheiratung aus rein politischen Gründen am Beispiel ihrer Großtante Sophie, einer vier Jahre älteren Schwester Ludovikas. Die als schön und geistreich beschriebene Sophie wurde mit der Tatsache konfrontiert, mit einem österreichischen Erzherzog verheiratet zu werden, einem an »Körper und Geist schwachen« Mann, wie Amelie ihn charakterisiert. Die geistreiche Prinzessin reagierte mit einem emotionalen Zusammenbruch und weinte nächtelang. Schließlich informierte ihre Erzieherin deren Mutter, Königin Caroline von Bayern, über den Zustand des Mädchens. Der Königin, die von dem zukünftigen Ehemann ihrer Tochter auch nicht begeistert war, blieb nichts weiter

---

[17] Marie von Redwitz: Hofchronik, S. 32.
[18] Marie von Redwitz: Hofchronik, S. 29.

übrig als darauf zu hinzuweisen, dass es sich um eine diplomatische Entscheidung handelte, die bereits Jahre zuvor auf dem Wiener Kongress (1814 / 1815) getroffen worden war. Prinzessin Sophie blieb keine andere Option, als sich in ihre neue Rolle zu fügen.

Anhand solcher Schilderungen können wir erahnen, welch enorme psychische Belastung eine aus rein politischem Kalkül geschlossene Ehe für die weiblichen Angehörigen der Herrscherhäuser darstellen konnte. In Amelies »Erinnerungen« fällt aber auch auf, dass – selbst in einem weiblichen Überlieferungskontext – im Falle des Scheiterns einer Ehe die Schuld dafür zumeist bei den Frauen gesucht wurde. Dass beispielsweise die Ehe der Kaiserin Leopoldine von Brasilien zu einem Fiasko wurde, hätte daran gelegen, dass die Kaiserin »häßlich, unweiblich und schmutzig« gewesen sei. Unerwähnt lässt Amelie, dass der Kaiser sowohl eine Geliebte hatte, die er im Hofstaat seiner Frau installierte, als auch, dass er seine Frau körperlich misshandelte und diese infolgedessen eine Fehlgeburt erlitt, an der sie verstarb.

Ein Mann, der in Amelies »Erinnerungen« durchaus auch kritisch beleuchtet wird, ist ihr Großvater Herzog Max in Bayern, der zu seinen eigenen Kindern ein distanziert-schwieriges Verhältnis pflegte, was auch Außenstehenden auffiel. So notiert die Hofdame Marie von Redwitz in ihren Aufzeichnungen, dass es »sehr sonderbar« gewesen sei, dass die Kinder von Max und Ludovika sich bei ihrem Vater bei einem Besuch hätten »melden« lassen müssen, während seine uneheliche Nachkommen freien Zutritt beim Herzog gehabt hätten.[19] Amelie kommentiert das mit der lakonischen Bemerkung, dass ihr Großpapa »auf Abwege« geraten sei, »wie übrigens viele vornehme Herren seiner Zeit.« An anderer Stelle erwähnt sie neben der »Untreue« ihres Großvaters dessen »Gleichgültigkeit«, die er gegenüber seiner Ehefrau an der Tage gelegt habe. Ihr Großvater sei eine »Künstlernatur« gewesen, »mit deren großen Schwächen behaftet«.

Verglichen mit Amelies Großvater war ihr Vater Carl Theodor das komplette Gegenteil. Er galt als schweigsam und als geradezu schüchtern. Durch den frühen Tod seiner ersten Frau, Amelies Mutter, schlug er einen höchst ungewöhnlichen Lebensweg ein, denn

---

[19] Marie von Redwitz: Hofchronik, S. 29.

er beschloss, Medizin zu studieren, was ihm sowohl seitens seiner Standesgenossen als auch seitens der Mediziner scheele Blicke bescherte. Die einen raunten, dies sei keine Beschäftigung für einen Hochadeligen, die anderen hielten es für eine Art Zeitvertreib. Doch Carl Theodor sollte sie alle eines Besseren belehren. Er war überaus streng zu sich selbst und vertiefte sich mit einer solchen Vehemenz in seine Studien, dass selbst seine Gesundheit darunter litt. Im Alter von 30 Jahren hatte er seine erste Vorlesung gehört, neun Jahre später legte er die medizinische Staatsprüfung ab und wurde ein Jahr später als Arzt approbiert. Als sein Spezialgebiet wählte er die Augenheilkunde und wurde zu einem »Doktor der Armen«, denn er behandelte unzählige Patienten kostenlos. Amelie war stolz auf ihren Vater, am 3. Juli 1889 notierte sie in ihr Tagebuch: »Heute war Papas 1000 Staroperation.«[20] Damals stand Carl Theodor kurz vor seinem 50. Geburtstag. Aber der schweigsame Arzt hatte auch durchaus seine humoristischen Seiten. Dies spiegelt sich insbesondere wieder in den Briefen, die er an seine Tochter Amelie richtete. So begann er ein auf italienisch verfasstes Schreiben aus dem Jahre 1879 mit folgenden Worten: »Carissima figlia mia! Graziosissima signorina chiamata Animalia Pimpelhuber!«[21] Andere Briefe unterzeichnete er mit »Dein Urheber«[22] oder »Dein treuer Antiker«[23].

Da sein älterer Bruder Ludwig auf sein Recht als Erstgeborener verzichtete hatte, um eine Frau aus dem Bürgertum zu heiraten, war Carl Theodor der Erbe seines Vaters und zukünftiges Oberhaupt der herzoglichen Linie. Trotzdem blieb er nach dem Tod seiner ersten Frau lange unverheiratet. Erst 1874 – Amelie war damals acht Jahre alt – heiratete er zum zweiten Mal. Seine Auserwählte war Marie José von Portugal, eine Tochter des Prinzen Miguel aus dem Hause

---

[20] Zitiert nach Bernhard Graf: Sisis Geschwister. München 2017, S. 94.
[21] Herzog Carl Theodor in Bayern an seine Tochter Amelie, 1. September 1879; BSB NL Richard Sexau Ana 346 B.I.5.d.
[22] Herzog Carl Theodor in Bayern an seine Tochter Amelie, 25. August 1883; BSB NL Richard Sexau Ana 346 B.I.5.d.
[23] Herzog Carl Theodor in Bayern an seine Tochter Amelie, 13. Oktober 1884; BSB NL Richard Sexau Ana 346 B.I.5.d.

Bragança, der einen sehr bewegten Lebensweg hatte. Als zweitgeborener Sohn des portugiesischen Königs putschte er erfolglos gegen seinen liberalen Vater, musste einige Jahre ins Exil gehen, versöhnte sich wieder mit seiner Familie, nur um alle Vereinbarungen über den Haufen zu werfen und den Thron von Portugal zu usurpieren, den er allerdings nur für einige Jahre behaupten konnte. Nach seinem Sturz war er gezwungen, abermals ins Exil zu gehen, diesmal endgültig. Er übersiedelte nach Deutschland, wo er im reifen Alter eine 30 Jahre jüngere deutsche Prinzessin heiratete und noch sieben Kinder in die Welt setzte. Dom Miguel hatte eine besondere Verbindung zu Amelies Großmutter Ludovika. Er war ihre große Jugendliebe gewesen und hatte sogar zweimal offiziell um ihre Hand angehalten. Das zweite Mal traf der Bote mit dem offiziellen Heiratsantrag gerade einmal fünf Tage nach Ludovikas Hochzeit mit Herzog Max ein.[24] Zu ihrer Stiefmutter Marie José, die nur knapp neun Jahre älter war als ihre Stieftochter, hatte Amelie von Beginn an ein herzliches Verhältnis. Nur wenige Monate nach seiner zweiten Heirat kam Herzog Carl Theodor durch den Tod des Prinzen Karl von Bayern, eines Halbbruders seiner Mutter, in den Besitz einer reichen Erbschaft. Er erhielt Schloss Tegernsee samt weiterer Wittelsbachischer Güter im Tegernseer Tal wie Wildbad Kreuth und die Königsalm. Dies waren Besitzungen, die einst König Maximilian I. Joseph von Bayern aus seinem Privatvermögen gekauft und seiner zweiten Ehefrau Caroline vermacht hatte. Dies bedeutete für die Familie, dass nun nicht mehr Possenhofen, sondern Tegernsee zum Wohnsitz auf dem Lande avancierte. Um Herzogin Ludovika in Possenhofen nicht völlig vereinsamen zu lassen, beschloss man, dass Amelie weiterhin einige Monate im Jahr bei ihrer Großmutter verbringen sollte.

Eine weitere wichtige Bezugsperson in Amelies Kindheit und Jugend war ihre Cousine Erzherzogin Marie Valérie von Österreich. Als letzter Spross des österreichischen Kaiserpaares war sie knapp zweieinhalb Jahre jünger als Amelie, wuchs aber ähnlich wie diese als Einzelkind auf, da ihre beiden Geschwister um einiges älter

---

[24] Christian Sepp: Ludovika. Sisis Mutter und ihr Jahrhundert, München 2019, S. 153/154.

waren. Die beiden heranwachsenden Mädchen pflegten eine enge Freundschaft, teilten ihre Sorgen und bezeichneten sich als »Leibcousinen«. Im Sommer 1883 notierte die 15-jährige Erzherzogin in ihr Tagebuch: »Ich frage mich oft, wie es kommt, dass wir uns so lieben? Wir sind doch so verschieden. Aber ihre Ruhe und Sanftmut ist so wohltuend.«[25] Im Herbst des darauffolgenden Jahres besuchte Amelie ihre Cousine gleich für mehrere Wochen, die man zumeist auf Schloss Gödöllő in Ungarn verbrachte. Gemeinsam war man kreativ, verfasste ein Lustspiel (»Der Namenstag«), das man auch zur Aufführung brachte, und bewunderte Carmen Sylva, die dichtende Königin von Rumänien. In diesen Wochen erwarb sich Amelie auch die Zuneigung ihrer Tante Sisi. Tief gerührt notierte Marie Valérie in ihr Tagebuch, dass ihre Mutter von Amelie als ihrer »Tochter« spreche und sich mit folgenden Worten von ihr verabschiedet habe: »Hier ist jetzt Dein zweites Zuhause, Du kannst kommen, wann Du willst und auf wie lange Du willst.«[26]

Dieses herzliche Einverständnis der »Leibcousinen« zerschellte allerdings an den Klippen der Pubertät. Während Marie Valéries Gedanken alsbald von den Gefühlen für einen jungen Standesgenossen dominiert wurden, drehte sich bei Amelie alles um die Musik. Zum Katalysator wurde eine Meinungsverschiedenheit in der herzoglichen Familie im Juni 1886 infolge des tragischen Tods von König Ludwig II. von Bayern. Die divergierenden Ansichten betrafen in erster Linie Sisi und ihre Mutter Ludovika, die bei der Beurteilung der Person des verstorbenen Königs auf keinen gemeinsamen Nenner kamen. In Possenhofen, wo sich die Familie versammelt hatte, brachte ein kommunikatives Missverständnis die sowieso schon angespannte Stimmung zum explodieren: Marie Valérie und ihre Mutter, die im nahen Feldafing wohnten, waren zu spät über die ernsthafte Er-

---

[25] Tagebucheintrag vom 19. Juni 1883; Marie Valérie von Österreich: Das Tagebuch der Lieblingstochter von Kaiserin Elisabeth, hrsg. v. Martha und Horst Schad, S. 37.
[26] Tagebucheintrag vom 22. Dezember 1884; Marie Valérie von Österreich: Das Tagebuch der Lieblingstochter von Kaiserin Elisabeth, hrsg. v. Martha und Horst Schad, S. 59.

krankung eines Familienmitglieds informiert worden. Die Kaiserin sah in dem Missverständnis in erster Linie eine verantwortungslose Gefährdung der Gesundheit ihrer Tochter und verließ ihre Familie grußlos. Im Zuge dieses Zerwürfnisses trat das schon länger währende Auseinanderleben der Cousinen nun deutlich zu Tage. Marie Valérie kritisierte die fehlende Aufmerksamkeit ihrer Cousine, deren »ganzes Sein von Jahr zu Jahr«[27] nur noch von ihrem musikalischem Interesse dominiert würde. Und Amelie stellte ihrerseits fest, dass ihre Cousine ganz ausgefüllt sei von der Liebe zu ihrem späteren Ehemann und nur noch »wenige Interessen«[28] die beiden vereinen würde. Die Cousinen blieben bis zum Ende ihres Lebens befreundet, aber die Innigkeit, die einst zwischen beiden geherrscht hatte, kehrte nie wieder ganz zurück. Durch ihre Freundschaft zu Marie Valérie war Amelie allerdings eine Zeit lang der kaiserlichen Familie sehr nah und gewann tiefere Einblicke, die sich auch in ihren »Erinnerungen an Großmama« wiederfinden, insbesondere in ihrer sehr treffenden Charakterisierung der Kaiserin: »Tante Sisi sehe ich vor mir in den späteren Jahren – die hohe schlanke Gestalt mit den sonnigen, braunen Augen, die so furchtbar ernst blickten, aber hinwiederum so schelmisch und auch spöttisch lächeln konnten. – Tante Sisi, die so unendlich gut sein konnte und danach trachtete, jedem eine Freude zu bereiten, die aber war sie einmal verletzt, hart und unversöhnlich blieb [...]. Genial, originell war sie, voll Menschenverachtung und Ironie dabei aber treu in ihrer Anhänglichkeit an alle, die sie in ihrer Kindheit gekannt, voll guter und großer Eigenschaften, besonders in großen Momenten ihres Lebens; aber sie brauchte im geistigen und körperlichen Sinn freie Luft um zu atmen.«

Obwohl Herzogin Ludovika in Bayern selbst nicht musikalisch war und kein Instrument spielte, wurde die Nachkommenschaft von namhaften Musikern ihrer Zeit unterrichtet. So erhielten drei

---

[27] Tagebucheintrag vom vom 27. Juni 1886; Marie Valérie von Österreich: Das Tagebuch der Lieblingstochter von Kaiserin Elisabeth, hrsg. v. Martha und Horst Schad, S. 82.
[28] Tagebucheintrag vom 11. Dezember 1886; BSB NL Richard Sexau Ana 346 B.I.6.b.

ihrer Kinder Klavier- und Gesangsunterricht durch den Komponisten Julius Hey, dessen Lehrbuch zur Stimmbildung noch heute ein Standardwerk ist. Zu den musikalischen Lehrern von Herzogin Amelie zählte Josef Gabriel Rheinberger, der in München als Hofkapellmeister und Professor für Orgel und Komposition an der Königlich Bayerischen Musikschule wirkte.[29] Außerdem wurde Amelie von der Komponistin und Pianistin Sophie Menter unterrichtet, was Eintragungen in ihrem Tagebuch belegen. Amelie spielte nicht nur Gitarre und Klavier, sie sang auch und komponierte eigene Stücke. Die Liebe zur Musik verband sie mit ihrer Tante Sophie Charlotte Herzogin von Alençon. Unter dem 27. August 1885 finden wir in Amelies Tagebuch einen Eintrag, dass sie und Sophie Menter die Herzogin von Alençon auf dem Klavier begleitet hätten, als diese Lieder von Schumann und Amelies Kompositionen gesungen habe.[30] Tante und Nichte waren auch begeistert von dem russischen Pianisten und Komponisten Anton Rubinstein. Im Herbst 1885 nutzte Amelie einen Aufenthalt in Wien, um eines seiner legendären Konzerte zu besuchen.[31] Amelie setzte auch ihre familiären Beziehungen ein, um namhaften Komponisten zu helfen. So bat sie ihren Onkel Kaiser Franz Joseph I. von Österreich um finanzielle Unterstützung für den Komponisten Anton Bruckner, der daraufhin eine kaiserliche Pension und eine Wohnung im Schloss Belvedere erhielt.[32]

In München bewegte sich Herzogin Amelie zusammen mit ihrer Hofdame Paula von Branca in einem Künstlerkreis, zu dem neben

---

[29] Dies belegen zwei Briefe der in Amelies Diensten stehenden Hofdame Paula von Branca an Franziska Rheinberger, die Gemahlin des Komponisten, die in dessen Nachlass erhalten geblieben sind; BSB Rheinbergeriana I 10, 229 und I 11, 157.
[30] Tagebucheintrag vom 27. August 1885; BSB NL Richard Sexau Ana 346 B.I.6.b.
[31] Marie Valérie von Österreich: Das Tagebuch der Lieblingstochter von Kaiserin Elisabeth, hrsg. v. Martha und Horst Schad, S. 68.
[32] Brigitte Hamann: Musikalisches aus dem Tagebuch der Prinzessin Amélie in Bayern, in: Bericht Bruckner Symposion im Rahmen des Internationalen Brucknerfestes Linz 1994, Linz 1997, S. 19–30.

den Wagner-Töchtern Isolde und Eva auch der Dirigent Hermann Levi und der sogenannte Malerfürst Franz von Lenbach gehörten. Levi, der 1882 die Uraufführung der Wagner-Oper »Parsival« in Bayreuth dirigiert hatte, machte Amelie auch mit der Komponistin Clara Schumann bekannt.[33] Lenbach fertigte 1889 sogar ein Gemälde der jungen Herzogin an. Als er ihr während der Porträtsitzungen schmeichelte war sie überrascht, denn sie selbst hatte von sich den Eindruck, ein »Knödelgesicht« zu haben.[34] Das persönliche Verhältnis zu Lenbach wurde leicht getrübt durch die Tatsache, dass der Maler, der vom Alter her Amelies Vater hätte sein können, gerne Witze auf Kosten der jungen und schüchternen Herzogin machte.[35] Dass Amelie sich selbst auch künstlerisch erprobte, zeigt das Postskriptum in einem der Briefe ihres Vaters: »Bemale Dein Zimmer in München wie Du willst!«[36]

Für eine junge Dame aus dem Hochadel blieb Amelie auffallend lange unverheiratet. Im Alter von 22 Jahren gestand sie ihrer Hofdame Marie von Redwitz, dass sie noch nie verliebt gewesen sei.[37] Darauf, dass eine Angehörige des Hochadels sich verliebte, wartete man eigentlich nicht. Wenn man sich bei Amelie in puncto Verheiratung zurückgehalten hat, mag es auch daran gelegen haben, dass sie als Kind kränkelte und man angesichts der vielen frühen Todesfälle unter ihren Tanten mütterlicherseits nichts riskieren wollte. Im Jahre 1891 tauchte allerdings ein Bewerber um Amelies Hand auf, den die Familie näher in Augenschein nehmen wollte. Es handelte sich um Herzog Wilhelm von Urach, der aus einer Seitenlinie des Hauses Württemberg stammte. Sein Vater war der Erbauer von Schlosses

---

[33] Brigitte Hamann: Musikalisches aus dem Tagebuch der Prinzessin Amélie in Bayern, S. 24.

[34] Tagebucheintrag ohne genaues Datum, Frühjahr 1889; BSB NL Richard Sexau Ana 346 B.I.6.b.

[35] Tagebucheintragungen vom 10. September 1886 und vom 10. Mai 1887; BSB NL Richard Sexau Ana 346 B.I.6.b.

[36] Herzog Carl Theodor in Bayern an seine Tochter Amelie, 2. Mai 1889; BSB NL Richard Sexau Ana 346 B.I.5.d.

[37] Marie von Redwitz: Hofchronik, S. 29/30.

Lichtenstein in den Schwäbischen Alp. Am 29. Dezember 1891, wenige Tage nach Amelies 26. Geburtstag, arrangierte man ein Kennenlernen bei einem Abendessen im Herzog-Max-Palais. Marie von Redwitz, die im Gegensatz zu ihrem Schützling den wahren Ursprung des Besuches kannte, beschreibt den Gast wie folgt: »Der Herzog von Urach ist sehr groß, mißt einhundertdreiundneunzig Zentimeter, und ist sehr schlank. Er hat wenig Bart, was ihn jünger erscheinen läßt als seine siebenundzwanzig Jahre. Im Reden zeigt er Intelligenz und vielseitige Bildung, und man gewinnt einen angenehmen Eindruck von ihm. Auch schwäbelt er nicht, wie ich gefürchtet, sondern spricht schönes Deutsch. Er ist kein Sportsmann und liebt seine Studien vor allem.«[38] Der Bewerber saß an diesem Abend zwischen Herzogin Ludovika und Herzog Carl Theodor. Die alte Dame, nahezu erblindet und leicht schwerhörig, unterhielt sich auffallend lebhaft mit ihm. Nach dem Diner teilte sie ihrem engsten Vertrauten Karl von Wulffen mit, dass der Herzog von Urach der richtige Mann für ihre Enkelin sei. Ihn solle sie heiraten, »aber erst nach meinem Tode«, fügte sie hinzu. Am nächsten Tag wurde ein »zufälliges« Wiedersehen in der Schackgalerie in München inszeniert, bei dem die beiden Hauptpersonen sich sehr befangen zeigten. Später gestand Amelie ihrer Hofdame, dass ihr der Herzog »so gut gefallen« habe, »daß sie über sich selbst ganz ärgerlich sei«.[39] Während Amelie ihre Gefühle erforschte und sich wohl zum ersten Mal in ihrem Leben ernsthaft für ein männliches Gegenüber interessierte, schlich von der anderen Seite der Tod ins Haus. In den Januartagen des Jahres 1892 grassierte in München eine schwere Form der Influenza. Als Amelie am Abend des 24. Januar vom Theater ins Palais zurückkehrte erfuhr sie, dass auch ihre Großmutter erkrankt sei. Noch in der Nacht entwickelte sich aus der Bronchitis eine Lungenentzündung. Aufgrund der ernsten Situation rief man am nächsten Tag alle in der Nähe befindlichen Familienmitglieder zusammen. Schnell füllte sich das Herzog-Max-Palais mit den Kindern und Enkeln der Herzogin. Sanft entschlief Ludovika in Bayern in der Nacht vom 25. auf den 26. Januar 1892

---

[38] Marie von Redwitz: Hofchronik, S. 129 / 130.
[39] Marie von Redwitz: Hofchronik, S. 130 / 131.

im Alter von 83 Jahren, gehüllt in ihren Morgenmantel und gebettet auf eine Chaiselongue, im Roten Salon des Palais.

Noch im selben Jahr verlobte sich Herzogin Amelie in Bayern mit dem Herzog von Urach. Marie von Redwitz stellte fest, dass sich alle für die junge Frau freuten, »daß sie jemand gefunden, der sie zu schätzen wußte«[40]. Und Karl von Wulffen, der die Worte von Herzogin Ludovika noch gut im Ohr hatte, brach bei der Nachricht in Tränen aus. Am 4. Juli 1892 heiratete das Paar auf Schloss Tegernsee, wie 64 Jahre zuvor ihre Großeltern. Es wurde eine prächtige Hochzeit mit vielen Gästen, darunter auch der Kaiser von Österreich. Als das junge Paar im Jahr darauf Amelies mittlerweile ebenfalls verheiratete Jugendfreundin Marie Valérie in Österreich besuchte, notierte diese in ihr Tagebuch: »Meine gute Amélie und ihr Mann … einige Tage bei uns … sie ist ganz unverändert, und er wirklich ein lieber, guter Mensch, der ganz zu ihr passt.«[41]

---

[40] Marie von Redwitz: Hofchronik, S. 141.
[41] Tagebucheintrag vom 7. November 1893; Marie Valérie von Österreich: Das Tagebuch der Lieblingstochter von Kaiserin Elisabeth, hrsg. v. Martha und Horst Schad, S. 271.

*Herzog Carl Theodor und Herzogin Sophie in Bayern, Amelies Eltern*

*Mutter und Tochter: Herzogin Sophie in Bayern und Baby Amelie*

*»Unsere Kleine ist ein liebliches Kind« – Amelie, verloren in einem künstlichen Wäldchen*

»Leibcousinen«: Marie Valérie und Amelie Arm in Arm im Park von Schloss Gödöllő, 1884

Links: Herzogin Ludovika im Alter

*Kaiserliche Hausmusik: Amelie am Klavier mit Marie Valérie, deren Erzieherin Gräfin Cornis (links) und Amelies Hofdame Paula von Branca, Gödöllő 1884*

*Rechts: Herzog Carl Theodor in Bayern im Kreise seiner Familie (von links): Mutter Ludovika (mit Hündin Lupa), Tochter Sophie Adelheid, Tochter Amelie, Gemahlin Marie José mit Baby Ludwig Wilhelm, Tochter Marie Gabrielle und Tochter Elisabeth, 1884*

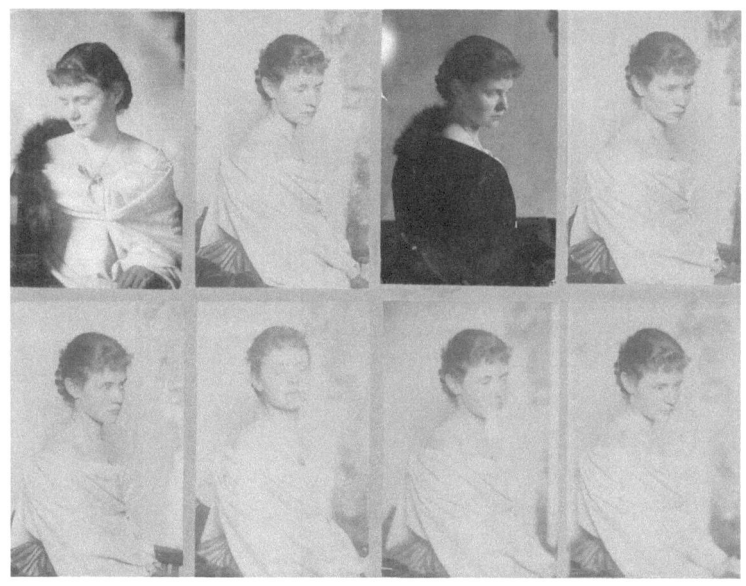

*Amelie durch die Augen von Franz von Lenbach: Studie für ein Gemälde, 1889*

*Links: Herzogin Ludovika und drei ihrer Enkelkinder: Amelie (links) mit ihren Halbgeschwistern Sophie Adelheid und Ludwig Wilhelm, aufgenommen im Herzog-Max-Palais in München*

*Die Jungvermählten: Amelie und ihr Ehemann Herzog Wilhelm von Urach in Wildbad Kreuth, Juli 1891*

*Links: Hunde spielten im herzoglichen Haushalt eine große Rolle. Amelie mit einem unbekannten Hund, 1891*

*Amelie mit Mann und Kindern (von links): Carola Hilda, Margarete, Amelie, Herzog Wilhelm von Urach, Albrecht, Wilhelm, Elisabeth, Maria Gabriela und Karl Gero, 1906*

# III. DER QUELLENTEXT

## ERINNERUNGEN AN GROSSMAMA
Geschrieben Lichtenstein Juni und Juli 1902

HEFT 1

Es gibt Tote, die sterben, deren Andenken verblaßt und verschwindet, hinuntertaucht in die Vergangenheit, wie ihre Gestalt im Leben farblos war, weil sie sich durch nichts hervorhob aus den fahlen Farben der Alltäglichkeit. Es gibt Tote, die weiterleben durch ihre Taten, andere durch ihre Werke, alleine diese gehören nicht zu jener Klasse von Menschen, über die ich reden will. Es gibt Tote, die weiterleben, weil sie durch eine starke, ausgeprägte Persönlichkeit einen unauslöschlichen Eindruck hinterließen, die noch nach Jahren in lebendiger Frische vor den Augen derjenigen stehen, die sie gesehen und mit denen sie gelebt. Man meint ihr Urteil über diese oder jene Begebenheit zu hören, man glaubt sie reden zu hören, ihre Zustimmung oder Mißbilligung zu manchen Dingen zu erfahren; und doch ist ihr Mund schon längst verstummt. Ihre lebensvolle Individualität lebt weiter.

Solch eine Persönlichkeit war meine väterliche Großmutter[1]. Und zur Erinnerung möchte ich vor Allem für meine Kinder, die sie nicht mehr gekannt haben, diese Zeilen niederschreiben und in ihnen die vielen Erzählungen festhalten, die ich aus Großmamas Munde oft

*Herzogin Ludovika unterwegs im Park von Possenhofen, am Arm von Oberhofmeister Karl von Wulffen, begleitet von ihrer Tochter Mathilde Gräfin Trani (links), einer Hofdame und Hündin Lupa, ca. 1890*

---

[1] Herzogin Ludovika in Bayern (1808–1892).

gehört und die in eine Zeit zurückreichen, die für uns zur Geschichte geworden ist. Großmama war sehr wahrheitsliebend, besah sich die Welt mit offenen Augen und äußerte ihr Urteil über ihre Angehörigen ohne jede Beschönigung. Sie war eher eine nüchterne Natur mit trockenem, altbayrischem Humor, dabei streng religiös, pflichttreu und gewissenhaft bis zur Skrupelhaftigkeit, mit besonderer Liebe ihren Kindern, Enkeln, ihrer Umgebung und ihrer bayrischen Heimat zugethan. Eine besondere Liebe zum Heimatland scheint auch allen ihren Schwestern eigen gewesen zu sein. Sie war in manchen Dingen die große vornehme Dame, konnte endlos Cercle[2] machen liebte es (wenigstens in ihren alten Tagen) Menschen bei sich zu sehen, Konversation zu machen; auch hielt sie ziemlich streng auf Alles, was sich bei Hof schickt. Doch haßte sie auch manchen Zwang, ging gerne viel in die freie Natur hinaus, ohne sich dafür besonders anzukleiden. Noch mit über 80 Jahren ging sie im Sommer stundenlang spazieren. Sie liebte die Bäume, das frische Grün so, dass sie nicht einmal Zweige, welche in die Fußwege hereinhingen, abschneiden lassen wollte. Von ihr haben wir wohl alle die große Liebe zur freien Natur zu Wald und Wiese, zum Aufenthalt in frischer Luft, zu stundenlangen Fußwanderungen. Großmama hielt nichts auf ihr äußeres Aussehen, nichts auf Toilette; da haßt sie allen Zwang. Allerdings, erzählte sie, habe sie in früheren Zeiten sich geschnürt[3] und enge Stiefel getragen; das war zur Zeit, als sie Großpapa[4] zu gefallen hoffte. Großmama interessierte sich bes[onders] für Geschichte, auch für Geographie und Sternkunde, was Alles ihrer positiven Natur zusagte; auch hatte sie eine große Vorliebe für Uhren und Barometer. Sie war grande-dame aber nicht hochmütig, sah mehr auf die Pflichten als auf die Vorzüge ihrer Stellung, verkehrte leutselig mit jedermann, auch der einfachsten Bäuerin.

---

[2] »Cercle« bezeichnet einen Empfang oder einen vornehmen, in sich geschlossenen Gesellschaftskreis.
[3] »Sich schnüren« bezieht sich auf das Tragen eines Korsetts, das durch Schnüre an der Rückseite in Form gebracht wurde.
[4] Herzog Maximilian in Bayern (1808–1888).

Bes[onders] gut war sie für ihre Dienerschaft und außerordentlich wohltätig gegen die Armen.

Ein merkwürdiger Zug in ihrer sonst etwas nüchternen Gemütsart war die Neigung zur Melancholie: »ich bin ein Narr, aber ein guter«, sagte sie einmal von sich selbst.

Großmama war den 30. August 1808 zu München geboren und hat dieser ihrer Vaterstadt stets eine treue Anhänglichkeit bewahrt. Ihr Vater war König Max Joseph von Bayern[5]. In seiner Jugend war er französischer Officier von Straßburg und öfter nach Paris gefahren »um der Marie Antoinette[6] die Cour[7] zu machen«. Von diesem erzählte sie, er sei bes[onders] gut für seiner Dienerschaft gewesen und sobald er einen traurig sah, habe er gleich gefragt »Was macht er für ein Gesicht.« Diese Güte machten sich natürlich die Leute zu Nutze.

Großmama war die 5. Tochter 2. Ehe mit Karoline von Baden[8]; die vier ältern Schwestern aus dieser Ehe waren alle Zwillinge; ihren Vater dauerte Großmama, wie sie sagte; denn sie war so allein und kein Zwilling.

Großmamas Mutter, Königin Karoline scheint eine vornehm aussehende, geistreiche Frau gewesen zu sein. Von ihr sagte Napoleon[9] zu König Max Joseph »Votre reine est une romance«[10]. Sie hatte der unglückliche Herzog von Enghien[11] sehr verehrt und sie, wie es scheint, seine Liebe erwidert. Auf Wunsch ihrer Mutter musste sie den viel

---

[5] König Maximilian I. Joseph von Bayern (1756–1825).
[6] Königin Marie Antoinette von Frankreich (1755–1793).
[7] »Die Cour machen«: Jemandem den Hof machen.
[8] Königin Karoline (Caroline) von Bayern, geborene Prinzessin von Baden (1776–1841).
[9] Napoleon I. Bonaparte, Kaiser der Franzosen (1769–1821).
[10] »Ihre Königin ist ein Traum«.
[11] Louis Antoine Henri de Bourbon, Herzog von Enghien (1772–1804). Zur Einschüchterung seiner Gegner ließ Napoleon I. den Herzog von Enghien, ein Mitglied der alten Königsfamilie, entführen und hinrichten.

älteren Kurfürsten, späteren König von Bayern heiraten, der sie aber sehr liebte. Großmama erzählte, wie sie mit ihren Eltern täglich in Nymphenburg spazieren ging und Kön[ig] Max Joseph zu ihrer Mutter sagte »Ma moitié, ma meilleure moitié«[12]. Diese Liebe erregte sogar die Eifersucht der Kinder 1. Ehe in Andenken an ihre Mutter[13], die dem Herzen des Königs nicht so nahe gestanden. Letztere war sehr darauf aus gewesen, dass der König ihr Geschenke machte, während Königin Karoline alles an sich herankommen ließ, was dem König weit besser gefiel. Frei von Eifersucht war jedoch diese Zuneigung nicht; denn »er hat die Frauen gekannt« setzte Großmama hinzu. In die protestantische Kirche (in die sie natürlich ohne ihren Mann ging[14]) ließ er sie durch einen besonders hässlichen Herren begleiten.

Sie liebte es, in ihren Salons sich von Künstlern 1. Ranges vormusicieren zu lassen. Vielleicht stammt von ihr die Musikliebe, die sich auf einige Nachkommen vererbte. Auf Etikette muss sie streng gehalten haben; denn Großmama erzählte Folgendes: auf jeder ihrer Reisen wurde sie im betreffenden Nachtquartier von den Behörden der Stadt empfangen. Einmal hatten sie und ihre Reisegesellschaft lange nichts gegessen; sie kam an und sprach so lange mit den betreffenden Herren des Ortes, dass ihre Tochter, Großtante Marie[15], vor Entkräftigung ohnmächtig wurde.

Bei ihrer Ankunft in München als junge Frau, herrschten dort noch aus der Zeit des Kurfürsten Karl Theodor[16] her, lose Sitten. Ihre Mutter und Schwester machten ihr Vorwürfe über die Gesellschaft, die sie bei sich sehe »si je ne recevais que les femmes de bonne

---

[12] »Meine Hälfte, meine bessere Hälfte«.
[13] Herzogin Auguste Wilhelmine von Pfalz-Zweibrücken, geborene Prinzessin von Hessen-Darmstadt (1765–1796).
[14] Das bayerische Königspaar Max I. Joseph und Caroline hing unterschiedlichen Glaubensrichtungen an. Der König war katholischen, die Königin protestantischen Glaubens.
[15] Prinzessin Maria Anna (»Marie«) von Bayern (1805–1877), verheiratete Königin von Sachsen.
[16] Kurfürst Karl Theodor von Pfalz-Bayern (1724–1799).

réputation, je serais seule dans mon salon«[17], erwiderte sie. Zu diesen Damen von zweideutigem Rufe gehörte wohl auch die Witwe des Kurfürsten Karl Theodor, später immer nur »die Kurfürstin«[18] genannt (sie hatte als 17jähriges Mädchen den 71jährigen Kurfürsten heiraten müssen.) König Max Joseph zwang ihren Oberhofmeister Grafen Arco Zinneberg[19], sie zu heiraten.

Doch erlaubte König Max Joseph nicht, dass ungünstig über sie gesprochen werde; denn in politischer Beziehung hatte sie sich stets tadellos benommen. »Nous lui devons trop«[20] sagte der König. Großmama sagte, »sie hätte auch ein Kind unterschieben können« (das hätte den rechtmäßigen Nachfolger, den damaligen Herzog Max Joseph von Zweibrücken von der Nachfolge ausgeschlossen.) Die Kurfürstin scheint daher in guten Beziehungen zu meinen Urgroßeltern gestanden zu haben; kam auch zu ihnen nach Tegernsee[21]. »Je viendrais, quand la lame des promenades sera passée«[22], denn sie hinkte.

Sie soll sehr geizig gewesen sein. Als sie einmal nach Wien fuhr, wechselte sie den Platz mit ihrer Kammerfrau, als die Sonne sie genirte. Bei einem starken Stoß des Wagens, fiel ihre Geldkiste auf sie herab und erschlug sie. Manche deuten dies als ein Gottesgericht.

Großmama war in ihrer Jugend und Kindheit viel in München, Nymphenburg und Tegernsee. Es herrschte damals die Sitte, die königlichen Kinder vom Alter von 4 Jahren an ins Theater mitzunehmen, was Großmama gar keine Freude machte und ihr den Thea-

---

[17] »Wenn ich nur die Damen mit einem gutem Ruf empfangen würde, wäre ich alleine in meinem Salon«.
[18] Kurfürstin Maria Leopoldine von Pfalz-Bayern (1776–1848), geborene Erzherzogin von Österreich-Este.
[19] Graf Ludwig von Arco (1773–1854).
[20] »Wir verdanken ihr zu viel«.
[21] Schloss Tegernsee. König Max I. Joseph von Bayern erwarb das ehemalige Kloster 1817 und baute es zu einer Sommerresidenz für sich und seine Familie um.
[22] »Ich werde kommen, wenn die Welle der Spaziergänger vorbei ist«.

terbesuch zeitlebens verleidete. Sie nahm Puppen mit um heimlich, während der Vorstellung damit zu spielen; wurde Don Juan[23] aufgeführt, so fürchtete sie sich vor der Erscheinung des Komtur. Sollte sie für gute Aufführung eine besondere Belohnung erhalten, durfte sie nicht ins Theater, sondern stattdem mit ihrer Erzieherin, Gräfin Rotenhan[24], im Nymphenburger Park spazieren gehen. – Königin Karoline wünschte, dass jeder Hochmut ihrer Tochter fern bleibe und sagte daher zu Gräfin Rotenhan: »Dites lui que c'est bien peu de chose, qu'une dernière Princesse de Bavière[.]«[25]

Die Sitten waren am Hof einfach, die Erziehung nüchtern, in mancher Beziehung streng. Großmamas ältere Schwestern trugen während des Winters Katzenpelz zum Ausgehen. Dieselben scheinen eine besonders strenge Erzieherin[26] gehabt zu haben, im Gegensatz zu Großmamas milderer Gräfin Rotenhan. Einmal wollte Großmama eine Birne nicht essen; da hielt erstere ihr die Nase zu und schob ihr die Birne in den Mund. Von da an, behauptete Großmama, habe sie einen Widerwillen gegen Birnen für ihr ganzes Leben behalten. – Wenn sich die Jugend an ihrem Tische über Kleider oder äußeres Aussehen unterhielt, schrie die bewußte Erzieherin sie an »Vous n'avez pas à vous occuper de figures et de toilettes.«[27]

Schon mit 13 Jahren mußte Großmama auf den Hofball gehen, durfte aber, glaube ich, nicht tanzen. Sie mußte als junges Mädchen oft spät in die Nacht hinein aufbleiben und stach sich mit Nadeln, um nicht einzuschlafen. Ein Teil ihrer späteren Nervosität hatte wohl in dieser irrationalen Behandlung seinen Grund. Das Lesen irgendwelcher Liebesgeschichten war verboten »une princesse

---

23 Gemeint ist die Oper »Don Giovanni« von Wolfgang Amadeus Mozart.
24 Gräfin Auguste von Rottenhan (1787–1865). Amelie schreibt in ihren Erinnerungen den Familiennamen der Gräfin mit einfachem »t«. Richtig wäre die Schreibweise mit einem doppelten »t«, da sie dem gräflichen und nicht dem freiherrlichen Familienzweig (= Rotenhan) angehörte.
25 »Sagen Sie ihr, dass es nichts besonderes ist, eine letztgeborene Prinzessin von Bayern zu sein[.]«
26 Gemeint ist wohl die Freiin Charlotte von Roggenbach (1780–1856).
27 »Ihr sollt euch nicht mit Aussehen und Putz beschäftigen.«

prend le mari, qu'on lui donne«[28] hieß es nach damaliger Anschauung; daher mußte Alles, was nach Romantik und Sentimentalität schmeckte, von den jungen Mädchen ferngehalten werden; selbst die deutschen Klassiker waren verpönt. Großmama erzählte auch, keine ihrer Schwestern habe nach Neigung geheiratet: Großtante Elise[29] wurde von dem damaligen Kronprinzen von Preußen[30] sehr geliebt, scheint erst später diese Neigung erwidert zu haben. Von sich selbst, sagte Großtante Elise: »Je suis légère comme un hanneton.«[31] Nach Bildern und Beschreibungen muss sie schön gewesen, bes[onders] wundervolle Augen besessen haben. Der berühmte Talleyrand[32] sagte von ihr: »Cela boite, mais si j'avais une couronne, je la mettrais à ses pieds.«[33] (Sie hatte das sogenannte freiwillige Hinken.[34])

Eine ganz andere Natur muß ihre Zwillingsschwester meine mütterliche (sächsische) Großmama[35] gewesen sein. Ich kannte sie nur mehr als zarte, ernste, alte Frau, die von vielen Schicksalsschlägen heimgesucht worden war. Für mich, als dem einzigen Kinde ihrer frühverstorbenen Tochter[36], war sie stets voll Liebe, doch konnte sie

---

28   »Eine Prinzessin nimmt den Ehemann, den man ihr gibt[.]«
29   Prinzessin Elisabeth (»Elise«) von Bayern (1801–1873), verheiratete Königin von Preußen.
30   Der spätere König Friedrich Wilhelm IV. von Preußen (1795–1861).
31   »Ich bin leicht wie ein Maikäfer.« Dieser Ausspruch ist ironisch zu verstehen.
32   Charles-Maurice de Talleyrand-Périgord (1754–1838), französischer Staatsmann.
33   »Sie hinkt, aber wenn ich eine Krone hätte, würde ich sie ihr zu Füßen legen.« Bei diesem Zitat unterläuft Amelie ein Fehler, anstatt »Cela« müsste es richtig heißen »Celle là«.
34   Mit der Aussage, ihre Großtante Elise habe »freiwillig« gehinkt, liegt Amelie in ihren Erinnerungen nicht richtig. Quellen belegen, dass Prinzessin Elise von Bayern ein verkürztes Bein hatte und deshalb hinkte.
35   Prinzessin Amalie von Bayern (1801–1877), verheiratete Königin von Sachsen.
36   Prinzessin Sophie von Sachsen (1845–1867), verheiratete Herzogin in Bayern.

*Gezeichnet von vielen Verlusten: Königin Amalie von Sachsen, Amelies Großmutter mütterlicherseits*

dieselbe nicht recht zum Ausdruck bringen. Nach den Bildern war auch sie schön gewesen. Wie mein Großvater[37] sie heiratete war er scheint es nach Großmamas Erzählungen, noch jung und unfertig, so dass man seine spätere Bedeutung nicht recht ahnte. Eben erst später soll sich dann zwischen meinen Großeltern das so schöne innige Verhältniß ausgebildet haben, das bis an ihren Tod dauerte.

---

[37] König Johann I. von Sachsen (1801–1873).

Das zweite Zwillingspaar waren Großtante Marie[38] und Großtante Sophie[39] – erstere wollten die Franziskanerinnen im Kloster Reitberg[40], nicht weit von Tegernsee, so gern bereden, in ihr Kloster als Ordensschwester einzutreten; denn sie glaubten, der Eintritt einer Königstochter werde ihr Kloster vor der Aufhebung bewahren. Es war ihr aber ein andres Los bestimmt. Sie heiratete mit 28 Jahren den ältern Bruder meines sächsischen Großvaters spät[eren] König Friedrich August von Sachsen[41]. Es war eine glückliche aber kinderlose Ehe. Dagegen ward ihrer Zwillingsschwester der schönen, geistreichen Großtante Sophie eine schwere Aufgabe zu teil; sie mußte den 2. Sohn des Kaisers Franz[42], den an Körper und Geist schwachen Erzherzog Franz Karl[43] heiraten. Sie soll (das weiß ich zwar nicht aus Großmamas eigenem Munde, doch aus zuverlässiger Quelle) vor ihrer Heirat aus Verzweiflung Nächte durchgeweint haben. Als nun ihre Erzieherin[44] ihrer Mutter dies erzählte, sagte dieselbe: »Que voulez-vous; cela a été décidé au congrès de Vienne.«[45] Als nun Großtante Sophie sah, dass ihr Schicksal unabänderlich besiegelt sei, erklärte sie, nun wolle sie und werde sie auch mit dem Erzherzog glücklich werden. Kaiser Franz sagte, sie müsse, bei dem Zustand seines Sohnes, Alles selbst in die Hand nehmen. Sie that es auch, wurde eine vorzügliche, aber dabei herrische Frau, war an ihren Mann anhäng-

---

[38] Prinzessin Maria Anna (»Marie«) von Bayern (1805–1877), verheiratete Königin von Sachsen.
[39] Prinzessin Sophie von Bayern (1805–1872), verheiratete Erzherzogin von Österreich.
[40] Gemeint ist das Franziskanerinnenkloster Reutberg.
[41] König Friedrich August II. von Sachsen (1797–1854).
[42] Kaiser Franz I. von Österreich (1768–1835), von 1792 bis 1806 als Franz II. letzter Kaiser des Heiligen Römischen Reichs Deutscher Nation.
[43] Erzherzog Franz Karl von Österreich (1802–1878).
[44] Freiin Sophie von Rotberg (Lebensdaten unbekannt).
[45] »Was wollen Sie, das ist auf dem Wiener Kongress entschieden worden.«

lich, wie an ein Kind, das man verpflegt, und erzog ihre Söhne gut. So hat sie ihren Vorsatz gehalten.

Großmama hat noch eine jüngere Schwester Karoline[46], der Liebling der Eltern, die früh starb.

Auch 4 ältere Halbgeschwister hatte sie: König Ludwig I.[47], mit dem sie viel verkehrte, ihn aber nicht bes[onders] liebte. Die Gründe hierfür gehören wohl einer späteren Zeit an. Dagegen hielt sie sehr viel auf seine Frau, Königin Therese[48], erzählte sie habe oft das gute Einvernehmen zwischen K[önig] Ludwig und seinem Bruder Großonkel Karl[49] wiederhergestellt. Sie scheint mehr durch Herzens- als durch Geistesgaben ausgezeichnet gewesen zu sein.

König Ludwig hatte sich schnell zur Ehe mit ihr entschlossen, aus Angst, Napoleon I. werde ihn, wie manch andere, zur Heirat mit einem seiner Familienmitglieder zwingen. Die arme Frau wurde von ihm geachtet, hatte aber sonst viel Grund zur Eifersucht. Sie ergab sich darein, dass er schönere Frauen verehrte; »denn«, sagte sie »wir Frauen verblühen rasch, besonders, wir Stammhalterinnen«; dagegen schmerzte es sie, wenn er gescheiten Frauen seine Gunst zuwandte. Das sei das Ärgste zu fühlen »du bist zu dumm«.

Großmama liebte sehr ihren jüngeren Halbbruder, Onkel Karl, der sie als ganz gebückter, alter Mann noch oft besuchte. In seiner Jugend soll er eine schöne, vornehme Erscheinung gewesen sein, und war wohl auch ein rechter Courmacher. Großmama erzählte in halben Ausdrücken von einer schönen Baronin Hirschberg[50], die seinetwegen im Salon der Königin Karoline ohnmächtig umfiel, während er

---

[46] Prinzessin Karoline (Caroline) von Bayern (1810–1821).
[47] König Ludwig I. von Bayern (1786–1868).
[48] Königin Therese von Bayern (1792–1854), geborene Prinzessin von Sachsen-Hildburghausen.
[49] Prinz Karl von Bayern (1795–1875).
[50] Mit der Baronin Hirschberg dürfte die Gräfin Maximiliane von Hirschberg, eine Hofdame der Königin Karoline von Bayern, gemeint sein.

*Unkonventionell: Prinz Karl von Bayern,
Ludovikas hoch geschätzter Halbbruder*

sich seiner Stiefmutter zu Füßen warf und sie um Verzeihung bat, dass er seinen jüngeren Schwestern ein so schlechtes Beispiel gegeben.

Einmal fand er den Cercle[51] zu lang und stiftete eine seiner jüngeren Schwestern an um ihr Gouter[52] zu bitten, damit derselbe aufhöre, dieselbe kam in kindlicher Naivität zu ihrer Mutter »der Bruder Karl hat gesagt, ich will mein Gouter«. Diese Geschichte blieb bei Großmama sprichwörtlich, wenn jemand eine Entschuldigung suchte, sich auch bei ihren langen Cercle zu entfernen.

---

[51] Empfang, in diesem Fall bei Hofe.
[52] Mahlzeit.

Großmama hielt große Stücke auf ihre Halbschwester Charlotte[53]. Dieselbe hatte Kronprinz Wilhelm von Württemberg[54] aus Angst vor einer ihm durch Napoleon aufgezwungenen Ehe pro forma geheiratet. Sie verliebte sich in ihn, er aber keineswegs in sie und lebte dergestalt abgesondert von ihr, dass die Ehe gelöst werden konnte. Nun wurde sie die IV. Gemahlin des Kaisers Franz. Wohl murrten die Österreicher, dass eine geschiedene Frau ihre Kaiserin geworden; allein nachdem sie in einer Krankheit »unseren Kaiser« so gut gepflegt hatte, söhnten sie sich mit ihrer Persönlichkeit aus. Sie war äußert idealistisch angelegt, wie aus manchen Erzählungen ersichtlich ist.

Ganz andere Anlagen besaß Großmamas andere Halbschwester Auguste Amalie[55]. Sie war eine nüchterne, praktische Natur, was ihr sehr zu statten kam, als sie in späteren Jahren das Vermögen ihrer Kinder allein verwalten musste. Sie hätte den Bruder ihrer Stiefmutter, den Erbprinz von Baden[56] heiraten sollen; allein Napoleon fuhr dazwischen und zwang sie zur Ehe mit seinem Stiefsohn Eugène Beauharnais[57]. Er war schön und liebenswürdig und sie wurde mit ihm glücklich. Auch sie soll sehr schön gewesen sein, bildeten doch sie und Großonkel Karl das schöne, K[önig] Ludwig und Kaiserin Charlotte das hässliche Paar von Großmamas Halbgeschwistern. Nach dem Sturz Napoleons erhielten Eugène Beauharnais und seine Frau von König Max Joseph den Titel Herzog und Herzogin von Leuchtenberg.
Ihre Töchter waren in Großmamas [Alter] und ihre Jugendgenos-

---

53   Prinzessin Charlotte von Bayern (1792–1873), erst verheiratete Kronprinzessin von Württemberg, dann Kaiserin von Österreich.
54   Der spätere König Wilhelm I. von Württemberg (1781–1864).
55   Prinzessin Auguste Amalie von Bayern (1788–1851), spätere Herzogin von Leuchtenberg.
56   Der spätere Großherzog Karl von Baden (1786–1818).
57   Eugène de Beauharnais (1781–1824), Stief- und Adoptivsohn von Kaiser Napoleon I., späterer Herzog von Leuchtenberg.

sen, an denen sie mit großer Liebe hing. Die Älteste, Josephine[58] eine schöne Erscheinung heiratete den Kronprinzen von Schweden[59]; es soll ihr schwer gefallen [sein] einen Protestanten zum Mann zu bekommen, dessen Kinder ebenfalls protestantisch werden mußten, und der auch kein wirklicher Prinz[60] war.

Ihr Mann soll sie immer hoch geachtet und sie, als Königin, viel für die Katholiken Schwedens gethan haben.

Ihre Schwester Amelie[61] wurde dazu bestimmt den Kaiser von Brasilien[62] zu heiraten; die Arme bekam aus lauter Entsetzen den Typhus. Es half ihr aber nichts, sie wurde nach Brasilien eingeschifft. Der Kaiser, der mit seiner 1. Frau[63] schlimme Erfahrungen gemacht (sie war häßlich, unweiblich und schmutzig), wunderte sich, daß eine europäische Frau so schön und von feinem Benehmen sein könne und scheint sie geschätzt und geliebt zu haben. Sie hat eine große Anhänglichkeit an München bewahrt.

---

[58] Prinzessin Joséphine von Leuchtenberg (1807–1876), verheiratete Königin von Schweden und Norwegen.

[59] Der spätere König Oskar I. von Schweden und Norwegen (1799–1859).

[60] »Kein wirklicher Prinz« spielt darauf an, dass der Vater von König Oskar I. von Schweden, Jean Baptiste Bernadotte, einer der Marschälle Napoleons I. war, bevor er von dem kinderlosen König Karl XIII. von Schweden adoptiert wurde und als Karl XIV. den schwedischen Thron bestieg.

[61] Prinzessin Amélie von Leuchtenberg (1812–1873), verheiratete Kaiserin von Brasilien.

[62] Kaiser Pedro I. von Brasilien (1798–1834).

[63] Kaiserin Leopoldine von Brasilien (1797–1826), geborene Erzherzogin von Österreich. Das negative Bild, das Amelie hier von Leopoldine zeichnet, muss durch den Hinweis ergänzt werden, dass die Kaiserin massiv unter der ehelichen Untreue ihres Mannes zu leiden hatte. Die Auseinandersetzungen des Paares gipfelten in körperlichen Misshandlungen Leopoldines, in deren Folge sie 1826 eine Fehlgeburt erlitt die zu ihrem Tode führte.

Von der 3. Schwester Eugénie[64] sprach Großmama mit ganz besonderer Verehrung. Sie heiratete einen, wie es scheint, unangenehmen Mann, den Fürsten von Hohenzollern-Hechingen[65], blieb kinderlos, war ungeheuer gut für die Armen, besuchte sie selbst, stiftete Wohltätigkeitsanstalten und wurde in Hechingen wie eine Heilige verehrt. Dabei scheint sie heiterer Gemütsart gewesen zu sein. Als Großmama als junge Frau sich Mühe gab, Großpapa durch ihren Anzug zu gefallen, rief Fürstin Eugénie einer anderen (?) zu: »Viens vite voir Louison, Louison qui veut être élégante.«[66]

Die 4. Schwester war nach Großmamas eigenen Worten »die arme Linda[67], die mit dem Grafen von Württemberg[68] so unglücklich geworden ist. Denn sie war garstig und knäksig [?] und hat immer so gehustet und hat den Grafen von Württemberg ungeduldig gemacht«. Er soll sie, wenn sie in der Hoffnung war, so gequält haben, damit sie zugebe, daß, falls sie einen Sohn bekäme, derselbe protestantisch würde. Ich halte mich hierbei genau an Großmamas Erzählungen und beschönige nichts, bleibe überhaupt immer bei der genauen Wahrheit.

Zu Großmamas Jugendzeit ging sogar der Hof in München auf die öffentlichen Maskenbälle. Großmama nahm in Gesellschaft ihrer Nichten Leuchtenberg daran teil, welche in geläufigem Französisch und Italienisch die Leute intriguirten[69]; Großmama hatte nicht die-

---

[64] Prinzessin Eugénie von Leuchtenberg (1808–1847), verheiratete Fürstin von Hohenzollern-Hechingen.
[65] Fürst Konstantin von Hohenzollern-Hechingen (1801–1869).
[66] »Komm schnell und schau Dir Louischen an, Louischen möchte elegant sein.«
[67] Prinzessin Théodolinde (»Linda«) von Leuchtenberg (1814–1857), verheiratete Gräfin von Württemberg.
[68] Graf Wilhelm von Württemberg (1810–1869), Erbauer von Schloss Lichtenstein.
[69] Intriguiren wird hier verwendet in der Bedeutung von »in ein Gespräch verwickeln, fesseln«.

se Gabe. »Und Du bist stumm wie ein Fisch« wurde ihr von einer Maske [gesagt]. Auch von einem kostümierten Ball bei ihrer Schwester Leuchtenberg erzählte Großmama, wo man die 5 Erdteile in einer Quadrille vorgestellt habe. Großmama selbst stellte Asien vor und hatte ihr schönes, üppiges Haar in 4 Zöpfe geflochten.

Großmama begleitete ihre Mutter auch manchmal zu deren Mutter, der Markgräfin Amalie von Baden[70] nach Bruchsal oder Baden und schwärmte noch in ihren alten Tagen von dem dortigen schönen, weichen Klima. Die alte Markgräfin hatte eine ihrer Töchter[71] an den Kaiser von Rußland, eine andere[72] an den König von Schweden verheiratet, auch die Heirat meiner Urgroßmutter[73] galt als eine glänzende; doch war die Markgräfin selbst trotzdem einfach geblieben und sagte immer »il ne faut jamais se vanter des grandes parantés«[74]. – Bei diesen Besuchen in Baden sah auch Großmama die Königin Hortense[75], die ihr keinen angenehmen Eindruck machte. Sie habe schmutzig ausgesehen und sei so unhöflich gegen Großmamas Tante die Königin von Schweden gewesen; denn sie sagte: »J'étais reine comme elle.«[76] Mit einer der Töchter der Königin von Schweden stand Großmama in besonders freundschaftlichen Beziehungen; es

---

[70] Markgräfin Amalie von Baden (1754–1832), geborene Prinzessin von Hessen-Darmstadt. Durch die Verheiratung ihrer Töchter mit einflussreichen Herrschern galt sie als »Schwiegermutter Europas«.
[71] Prinzessin Luise von Baden (1779–1826). Unter dem Namen »Elisabeth Alexejewna« Gemahlin von Zar Alexander I. von Russland.
[72] Prinzessin Friederike von Baden (1781–1826), Gemahlin von König Gustav IV. von Schweden.
[73] Prinzessin Karoline (Caroline) von Baden (1776–1841), Gemahlin von König Max I. Joseph von Bayern und Mutter von Herzogin Ludovika in Bayern.
[74] »Man darf sich niemals mit hoher Verwandtschaft brüsten.«
[75] Hortense de Beauharnais (1783–1837), Stief- und Adoptivtochter von Kaiser Napoleon I. Durch ihre Ehe mit Napoleons Bruder Louis Bonaparte war sie zwischen 1806 und 1810 Königin von Holland.
[76] »Ich war Königin wie sie.«

war Cäcilie[77], die spätere Großherzogin von Oldenburg, »Liebesgeschichten haben mich nie interessirt« sagte Großmama, »und da haben wir 2 junge Mädchen religiöse Kontroverse getrieben« (Großmamas Cousine war protestantisch).

Großmama sah auch in Baden ihre Tante, die Großherzogin Stephanie[78], die Adoptivtochter Napoleons I., die ein Schöngeist gewesen sein soll, und deren Töchter; sie sprach manchmal von den 2 jüngeren der späteren Fürstin von Hohenzollern Sigmaringen[79], die so hübsch und ihrem strengen Mann so untertänig gewesen, und der späteren Herzogin von Hamilton[80], die unter dem Einfluß ihrer Mutter keinen Prinzen habe heiraten wollen, aber doch es als Kränkung empfand, wenn die Königin von England[81] sie nicht als Prinzessin behandelte; doch das Alles gehört einer späteren Zeit an.

Bis in ihr Alter behielt Großmama ein besonderes Interesse für Alles, was sich auf den Tod der Söhne der Großherzogin Stephanie und die spätere rätselhafte Erscheinung des Kaspar Hauser[82] bezog. Großherzogin Stephanie soll überhaupt von ihren Schwägerinnen unterdrückt worden, auch gerade durch die Geburt ihrer jüngsten

---

[77] Prinzessin Cäcilie von Schweden (1807–1844), verheiratete Großherzogin von Oldenburg.

[78] Stéphanie de Beauharnais (1789–1860), Adoptivtochter von Kaiser Napoleon I., verheiratete Großherzogin von Baden.

[79] Prinzessin Josephine von Baden (1813–1900), verheiratete Fürstin von Hohenzollern-Sigmaringen.

[80] Prinzessin Marie Amalie von Baden (1818–1888), verheiratete Herzogin von Hamilton.

[81] Königin Victoria von Großbritannien und Irland (1819–1901).

[82] Kaspar Hauser (wohl 1812–1833). Hauser tauchte 1828 in Nürnberg auf und wurde aufgrund seiner rätselhaften Herkunft zu einer europäischen Berühmtheit. Einer zeitgenössischen Theorie zufolge soll es sich um einen Sohn der Großherzogin Stephanie von Baden gehandelt haben, den man gegen einen sterbenden Säugling ausgetauscht und fortgeschafft hatte, um den Weg für eine badische Nebenlinie frei zu machen. Dieser Theorie zufolge wäre Kaspar Hauser ein Cousin von Herzogin Ludovika in Bayern gewesen.

Tochter an persönlichem Eingreifen verhindert gewesen sein, als sich das Ereigniß zutrug, welches zu den merkwürdigsten Gerüchten Anlass gab: Eine schwarze Dame soll sich der Wiege des Prinzen genaht haben – diese Dame war, scheint es, Gräfin Hochberg[83] – von dieser Zeit an kränkelte das Kind, der einzige direkte Erbe des Großherzogs, und starb bald darauf. – Viele glauben, dass der viele Jahre später in Nürnberg aufgetauchte und in Ansbach ermordete Kaspar Hauser dieser Erbprinz von Baden gewesen sei; zu diesen Vielen gehörte auch die Königin Karoline. (Großmama besaß in ihrem Album von seiner Hand gemalte Pfirsiche). Doch Großmama war mit Leib und Seele Bayerin und es schmerzte sie immer, daß Heidelberg, das schöne alte Schloss der pfälzischen Wittelsbacher mit den früheren rechtsrheinischen Teilen der Pfalz[84] nicht an Bayern zurückkam, wie man es nach dem Aussterben der alten badischen Linie gehofft hatte. Großmama erzählte, es sei folgendermaßen zugegangen. Man stellte der Kaiserin Elisabeth von Russland geb. Baden[85] vor, wie traurig es wäre, wenn ihr Heimatland zerteilt würde, und sie brachte es durch Fürsprache dahin, dass Baden ungeteilt an die jüngere badische Linie[86] überging.

---

[83] Freiin Luise Karoline Geyer von Geyersberg (1767–1820). Sie war eine Hofdame am badischen Hof und heiratete 1787 den verwitweten Landesfürsten, Markgraf Karl Friedrich von Baden, und wurde zur Reichsgräfin von Hochberg erhoben.

[84] Im Reichsdeputationshauptschluss (1803) wurden die rechtsrheinischen Gebiete der Kurpfalz (die damals zu Bayern gehörte) dem Großherzogtum Baden zugeschlagen. Nach dem Aussterben der badischen Hauptlinie im Mannesstamm (1818) hatte man (vergeblich) darauf gehofft, dass diese Gebiete wieder an Bayern zurückfallen würden.

[85] Vgl. S. 77, Anmerkung 71.

[86] Die sogenannte Linie Hochberg. Es handelte sich um Nachkommen aus der zweiten, nicht ebenbürtigen Ehe des Markgrafen (späteren Großherzog) Karl Friedrich von Baden, die nach dem Aussterben der badischen Linie im Mannesstamm (1818) deren Erbe antrat.

Mit ihrer Mutter besuchte Großmama ihre verheirateten Schwestern und kam auch zu Großtante Elise nach Berlin, wo der spätere Kaiser Wilhelm I.[87] ihr, wie es scheint, den Hof machte; doch auf Großmama machte dies nicht viel Eindruck, da sie seine Aufmerksamkeiten mit anderen teilte. In einem Zimmer stand der Fürst Radziwill[88], dessen Tochter[89] der nachmalige Kaiser heiraten wollte und die Erlaubniß zu dieser Verbindung nur in dem Fall erhalten hätte, dass die Ehe seines älteren Bruders mit Kindern gesegnet worden wäre. In einem anderen Zimmer weinte eine Hofdame, welcher Prinz Wilhelm ebenfalls den Hof machte, auch seinetwegen, vielleicht aus Mitleid.

Ihren Schwager, den späteren König Friedrich Wilhelm IV.[90], behielt Großmama stets in liebevoller Erinnerung. Er sei, vor seiner Thronbesteigung, so heiter und angenehm gewesen. Von ihm stammt das Rätsel, warum man König Ludwig I. von Bayern beim Tierschutzverein verklagen müsse? Antwort »Weil er den Pegasus[91] gequält hat« (eine Anspielung auf die schwerfälligen Verse mit den vielen Fugen [?] K[önig] Ludwig I.). Großmama erzählte, als König habe Friedrich Wilhelm IV. geäußert, er wolle keine Scholle Erde von seinem Nachbar.

Großmama hat sich in Erinnerung an ihre Jugend auch viel später noch für die Berliner Verhältnisse interessiert, als ihre Enkelin (Luisa Taxis[92]) nach Berlin heiratete.

---

[87] Wilhelm I. (1797–1888), seit 1861 König von Preußen, ab 1871 deutscher Kaiser.

[88] Fürst Anton Radziwill (1775–1833), polnischer Adeliger, verheiratet mit einer Prinzessin aus dem Hause Hohenzollern.

[89] Prinzessin Elisa Radziwill (1803–1834). Sie ging in die Geschichte ein als Jugendliebe des späteren deutschen Kaisers Wilhelm I., der lange darum gekämpft hatte, sie heiraten zu dürfen.

[90] König Friedrich Wilhelm IV. von Preußen (1795–1861). Er heiratete 1823 Prinzessin Elisabeth (Elise) von Bayern, Ludovikas ältere Schwester.

[91] Der Pegasus ist ein geflügeltes Pferd auf der griechischen Mythologie. »Den Pegasus reiten« wird sinnbildlich verwendet für »sich als Dichter / in versuchen«.

[92] Prinzessin Luisa von Thurn und Taxis (1859–1948), verheiratete Prinzessin von Hohenzollern-Sigmaringen.

*Da er Tierstimmen so gut imitieren konnte hieß er
bei den Kindern der Familie nur »Onkel WauWau«:
König Friedrich Wilhelm IV. von Preußen*

Auch zu ihrer Schwester Amelie (meiner mütterlichen Großmama) kam Großmama nach Dresden und erzählte Manches vom dortigen Hofe: meine sächsische Großmama tanzte gerne; man fand es aber nicht passend, dass dabei ein Herr den Arm um ihre Taille legte. Um ihr dennoch das Tanzvergnügen zu gewähren, ließ man die Herren sie an beiden Händen fassen, wie Kinder, wenn sie Teller reiben machen[93].

Wie meine sächsische Großmama zum 1. Male in anderen Umständen war, kniete sie in der Kirche neben ihrer Schwägerin[94], der

---

[93] Altes Kinderspiel.
[94] Kronprinzessin Karolina (»Linchen«) von Sachsen (1801–1832), geborene Erzherzogin von Österreich.

Frau des nachmaligen Königs Friedrich August. Letztere, die an der Fallsucht[95] litt, bekam einen derartigen Anfall, fiel auf meine Großmama und bedeckte sie mit Schaum. Das Entsetzen über diesen Vorfall hatte die schlimmsten Folgen für das Kind, ein Mädchen mit Namen Marie[96]. Es war geistig und körperlich unnormal und litt an der Fallsucht, obwohl dieselbe sonst nicht in der Familie war. Mein sächsischer Großvater unterrichtete diese seine älteste Tochter selbst in den Glaubenswahrheiten und brachte es doch so weit, dass man sie zu den heiligen Sakramenten zulassen konnte.

Die Schwägerin meiner Großeltern, welche das Unglück verschuldet hatte, war eine Tochter des Kaisers Franz, der versicherte, er habe vor ihrer Heirat nichts von ihrer Krankheit gewußt. Sie wurde in der Familie »Linchen« genannt. Man wußte, sobald sie ihren Fächer fallen ließ, begann einer ihrer Anfälle, und meine bayerische Großmama erzählte noch in ihren alten Tagen, wie sie davongelaufen sei, wenn »das Linchen« den Fächer fallen ließ.

Großmama war auch in Dresden zur Zeit der Geburt Onkel Alberts von Sachsen[97], durfte überhaupt ihre Schwester während ihrer Wochenbetten pflegen; denn Königin Karoline sagte »die Mädchen sollen nur wissen, was sie einmal als Frauen zu leiden haben werden.« Sie meinte, dies halte dieselben vom Leichtsinn ab und erzählte ihren unverheirateten Töchtern von den Geburten, bei denen sie selbst am Meisten gelitten habe. Großmama sprach hierin dem Beispiel ihrer Mutter folgend, offen über derartige Dinge.

König Max Joseph von Bayern verschied ganz plötzlich in Nymphenburg Oktober 1825. Dies war für Großmama und deren Mutter nicht nur ein großer Schmerz; es brachte auch ein[e] Veränderung ihres ganzen Lebens mit sich. Die bisher von ihrem Gemahl so sehr geliebte und verehrte Königin mußte noch im selben Winter die

---

[95] Veraltete Bezeichnung für die Krankheit Epilepsie.
[96] Prinzessin Marie Auguste von Sachsen (1827–1857).
[97] Der spätere König Albert von Sachsen (1828–1902).

Residenz verlassen und auf ihr Schloss Biederstein[98] bei München ziehen; denn König Ludwig I. erklärte kurzweg: »So ein alter Hof ist ein Nest von Frondeurs[99].« Er scheint sehr rücksichtslos dabei vorgegangen zu sein.

Königin Karoline erhielt als Witwensitz (Biederstein war ihr persönliches Eigentum) eine Wohnung in der sog[enannten] alten Maxburg in München und das Schloß in Würzburg. In letzterer Stadt entzückte Großmama der Gesang der Nachtigallen, während eine alte Oberhofmeisterin sich über die »dummen Dinger« ärgerte, die ihren Schlaf störten. Die Würzburger Damen fand Großmama schreiig.

Sie erzählte auch von einer Klosterfrau in Würzburg, die sie bereden wollte ins Kloster zu gehen. »Ich wäre vielleicht glücklicher geworden, sagt Großmama zu mir, aber da wäre dein Papa[100] nicht auf der Welt«. Und daß Papa auf der Welt sei, schien ihr ein Glück, das Vieles aufwog.

Großmama begleitete ihre Mutter öfters nach Wien »die kleine Reichlerin (d. h. aus dem Reich) ist doch ganz nett geworden« sagte einst der berühmte Metternich[101] von ihr. Und hier in Wien erlebte Großmama, die Verächterin der Liebesgeschichten, doch den einzigen Roman ihres Lebens. Sie sah gerade zu einem Fenster der Burg heraus, als Dom Miguel[102] hereinfuhr, der 2. Sohn des Königs von Portugal, der durch die Erhebung seines älteren Bruders auf den Kaiserthron von Brasilien Anspruch auf den portugiesischen Thron

---

[98] König Max I. Joseph hatte Schloss Biederstein, das damals außerhalb von München lag, 1803 seiner Gemahlin zum Geschenk gemacht.

[99] Frondeur bezeichnet einen politischen Opponenten oder Regierungsgegner. Der Begriff bezieht sich auf eine Reihe von Aufständen (»Fronde«) gegen die königliche Zentralgewalt in Frankreich Mitte des 17. Jahrhunderts.

[100] Herzog Carl Theodor in Bayern (1839–1909).

[101] Clemens Wenzel Lothar Fürst von Metternich (1773–1859), österreichischer Diplomat und Staatskanzler.

[102] Dom Miguel von Portugal (1802–1866) aus dem Hause Bragança, von 1828 bis 1834 König von Portugal.

hatte. Er dauerte Großmama, da er nur französisch sprach; sie nahm sich seiner an und daraus entstand eine gegenseitige Neigung. »Ich war seine erste anständige Liebe« sagte Großmama; bisher hatte er wohl nur untergeordneten Wesen seine Neigung zugewendet. Man sprach von einer Heirat zwischen Dom Miguel und Großmama; allein König Max Joseph wollte keine Tochter außer Deutschland verheiraten. Mehrere Jahre darauf sah Großmama Dom Miguel wieder in Wien und die gegenseitige Liebe scheint nicht erkaltet gewesen zu sein.

Noch als alte Frau redete Großmama gern von dieser Zeit, bes[onders] auch mit meiner 2. Mama[103] Dom Miguels Tochter. Noch immer hatte sie in einem ihrer Albums ein Blatt, das sie in dem Blumentisch einer Erzherzogin (Henriette?)[104] gepflückt, als sie D[om] M[iguel] zum letzten Mal gesehen. Diesmal waren es Großmamas Brüder, welche sich der Verbindung widersetzten; denn sagten sie, »er ist nicht gut für seinen Vater gewesen.«[105] (Sie schlossen daraus auf einen nicht guten Charakter). D[om] Miguel gab jedoch die Hoffnung nicht auf, und wie er den Thron von Portugal bestiegen hatte[106], sandte er einen Boten aus mit einem Brief, in dem er um Großmamas Hand anhielt. Der Bote kam an – einen Tag[107] nach Großmamas Hochzeit. Wie tief seine Neigung war, beweist der Um-

---

[103] Prinzessin Marie José von Portugal (1857–1943), zweite Gemahlin von Herzog Carl Theodor in Bayern und Amelies Stiefmutter.

[104] Erzherzogin Henriette von Österreich (1797–1829), geborene Prinzessin von Nassau-Weilburg.

[105] Dom Miguel hatte 1824 – zusammen mit seiner Mutter – in Portugal gegen seinen Vater geputscht. Er verlor den Machtkampf, verließ das Land und ging nach Wien ins Exil, wo er Prinzessin Ludovika von Bayern kennenlernte.

[106] Dies geschah im Jahre 1828.

[107] Herzogin Ludovika erfuhr erst später in ihrem Leben davon, dass Dom Miguel im Jahre ihrer Hochzeit erneut um ihre Hand angehalten hatte. Vielleicht liegt es daran, dass in ihrer Erinnerung der Bote aus Portugal nur einen Tag nach der Hochzeit ankam. Tatsächlich waren es jedoch fünf Tage. Dies lässt sich belegen durch einen Brief ihres Schwagers Friedrich Wilhelm, damals Kronprinz von Preußen.

stand, daß er nach vielen Jahren seiner Frau[108] sagte: er habe sie zwar sehr lieb, doch nicht in dem Maaße, wie er Großmama geliebt.

Es ist eine merkwürdige Fügung gewesen, daß was diesen beiden versagt geblieben, ihren Kindern beschieden war, und gerade Großmama es gewesen die Papas 2. Heirat mit Dom Miguels Tochter ermöglichte.

Nun bin ich zu Ende mit meinen Erzählungen aus Großmamas Mädchenzeit; ich muss einen neuen Abschnitt beginnen und vor Allem berichten, was Großmama über die Familie meines Großvaters, erzählte. Ich halte mich hauptsächlich an ihre eigenen Erzählungen und ergänze sie nur aus ebenfalls verlässigen Quellen, wenn es der Zusammenhang erfordert.

Der Großvater meines väterlichen Grossvaters, Herzog Wilhelm in Bayern[109], war nach dem Aussterben der Sulzbacher Linie (1799) mit dem damaligen Kurfürsten späteren König Max Joseph nach Bayern gekommen, hatte letzterem bei seinem Regierungsantritt wichtige Dienste geleistet; war eine Zeit lang Großherzog von Jülich und Berg unter bayrischer Oberhoheit gewesen, bis Napoleon das Großherzogtum Berg seinem Schwager Murat[110] gab. Dann lebte Herzog Wilhelm in Bamberg, in Landshut und auf seinem Schloße Banz bei Bamberg, regelte mit König Max Joseph die Zukunft seiner Familie, der letzterer eine Apanage aussetzte und den Mitgliedern den Titel »Königliche Hoheit« gab. Herzog Wilhelm scheint nach allem, was man von ihm hörte ein sehr gescheidter, energisch durchgreifender etwas eigenartiger Herr gewesen zu sein. Er hatte die Gewohnheit nur 2 Mahlzeiten im Tage einzunehmen. Bis zum Alter von 70 Jahren ritt er noch aus, dann an seinem 70. Geburtstag ließ

---

[108] Dom Miguel heiratete erst 1851 im Alter von 49 Jahren. Seine Ehefrau war die deutsche Prinzessin Adelheid von Löwenstein-Wertheim-Rosenberg (1831–1909).
[109] Herzog Wilhelm in Bayern (1752–1837).
[110] Joachim Murat (1767–1815). Durch seine Ehe mit Caroline Bonaparte ein Schwager Kaiser Napoleons I., 1806 bis 1808 Großherzog von Berg und 1808 bis 1815 König von Neapel.

er seinen Stallmeister kommen und erklärte, nun gebe er das Reiten auf. – Seine einzige Tochter[111] hatte er, auf Wunsch Napoleons, dessen Marschall Bèrthier[112], Herzog von Wagram zur Frau geben müssen. (Letzterer starb in Bamberg in Folge eines Sturzes vom Fenster.)

Aus der Ehe Herzog Wilhelms mit der Schwester[113] des Königs Max Joseph (der sie in nicht liebevoller Weise »ma sœur la bête«[114] nannte im Gegensatz zu seiner anderen Schwester[115], der Königin von Sachsen, auf die er viel hielt) hatte Herzog Wilhelm auch einen Sohn Pius[116]. Er war das Patenkind Papst Pius[117], der als Patengeschenk seinem und dem Hause des jeweiligen Erstgeborenen seines Stammes eine Fastendispenz[118] erteilte, die außer für Charfreitag, Aschermittwoch und einen Quatembertag[119] für jeden Abstinenztag galt. Dieser unglückliche Herzog Pius hatte aber sonst wenig Gaben mitbekommen, war geistig schwach und hatte einen Leibschaden. Sein Vater wollte ihn dennoch verheiraten, fand keine Prinzessin aus einem regierenden Hause, deren Eltern in eine derartige Verbindung eingewilligt hätten; doch war es eine Prinzessin von Arenberg[120], eine reiche Erbin, die er seinem Sohne zur Frau geben konnte. Sie soll

---

[111] Herzogin Maria Elisabeth in Bayern (1784–1849).
[112] Louis-Alexandre Berthier (1753–1815). Zentrale Figur während der Herrschaft von Kaiser Napoleon I., 1804 Maréchal d'Empire, 1806 Herzog von Neuchâtel und Valengin.
[113] Pfalzgräfin Maria Anna von Zweibrücken (1753–1824), verheiratete Herzogin in Bayern.
[114] »Meine Schwester, der Dummkopf«.
[115] Pfalzgräfin Maria Amalie von Zweibrücken (1752–1828), verheiratete Königin von Sachsen.
[116] Herzog Pius August in Bayern (1786–1837).
[117] Giovanni Angelo Graf Braschi (1717–1799), seit 1775 Papst Pius VI.
[118] Im kanonischen Recht ist eine Dispens eine Befreiung von einem kirchlichen Gesetz.
[119] Als »Quatembertage« bezeichnete man die viermal im Jahr stattfindenden Bußtage im Kirchenjahr.
[120] Prinzessin Amalie Luise von Arenberg (1789–1823), verheiratete Herzogin in Bayern.

klein, hübsch mit dunklen Augen und Haaren gewesen sein (eine Erscheinung wie später Tante Marie[121]). Ihr Schwiegervater war Anfangs sehr entzückt von ihr, führte sie immer am Arme herum. Doch war die Unglückliche im Allgemeinen nicht zu beneiden, da sie an einen solchen geistesschwachen Mann gekettet war. Großmama erzählte, sie habe den Bamberger Damen Kaffeepartien gegeben und dabei in ihrer lebhaften Weise die Honneurs gemacht. Ihre Gesundheit war zart und erreichte sie kein hohes Alter. Durch Unehrlichkeit ihrer Untergebenen ging ihr ganzes Vermögen verloren, um dessen Verwaltung ihr Schwiegervater sich aus Zartgefühl nie gekümmert hatte.

Großpapa war ihr einziges Kind.

Da er durch die traurige Beschaffenheit seines Sohnes an demselben keine Freude erleben konnte, übertrug Herzog Wilhelm seine Sorge und Liebe auf seinen Enkel; schrieb er doch einmal von ihm »il mange comme un ogre et digère comme une autruche, ce cher être!«[122] Er ließ Großpapa in München im holländischen Institut[123] erziehen. Leider fand derselbe dort Kameraden, die später einen schlechten Einfluß auf ihn ausübten, und wollte man demselben entgegentreten, beteuerten sie immer ihre Anhänglichkeit Großpapa gegenüber mit »Ich bin mit Ihnen auf der Schulbank gesessen!«

Herzog Wilhelm wollte seine Linie der Königlichen näher bringen und hatte eine Heirat Großpapas mit Großmamas jüngster Schwester[124] vereinbart. Als dieselbe starb, sagte er, sein Enkel werde nun eben die andre heiraten und als man ihm vorhielt, sie sei ja um einige Monate [älter] als Großpapa meinte er, das macht nichts.

Diese andre nächstjüngste war Großmama. Nach gegenseitiger

---

[121] Herzogin Marie in Bayern (1841–1925), dritte Tochter von Herzogin Ludovika und Herzog Max in Bayern.
[122] »Er isst wie ein Menschenfresser [wörtlich: Oger] und verdaut wie ein Vogelstrauß, das liebe Wesen!«
[123] Königliches Erziehungsinstitut in München, von 1811 bis 1824 unter der Leitung von Benedict von Holland (1775–1854), daher inoffiziell auch als »Hollandeum« bezeichnet.
[124] Prinzessin Caroline von Bayern (1810–1821).

Neigung wurde überhaupt nicht gefragt. Ebenso wie Großmama hatte auch Großpapa eine traurige Herzensgeschichte durchlebt, die Tochter seines Regimentscommandeurs in Bamberg heiraten wollen, was ihm nicht gestattet wurde.

Nach den Bildern aus dieser Zeit waren sie ein schönes Paar, Großmama groß dunkelblond mit wundervollen blauen Augen, üppigen Haaren und frischen Gesichtsfarben. Der alte Zitherspieler Petzmayer[125] sagte noch nach Jahren zu Großpapa, so schön wie Großmama sei keine ihrer Töchter gewesen.

Großpapa war von bes[onders] schöner, schlanker Gestalt, etwas dunkelhaariger, als Großmama, hatte schöne, regelmäßige Züge und bräunliche in das Grünliche schimmernde Augen. Großmama war nüchtern erzogen, pflichttreu, gewissenhaft ohne jeglichen, künstlerischen Schwung. Großpapa gerade im Gegensatz eher eine Künstlernatur, mit deren großen Schwächen behaftet. Er liebte die Musik, spielte Zither und componirte. Sie fand, daß Musik melancholisch mache.

Großmama hielt auf Wahrung der Hofformen. Großpapa liebte eine gewisse Ungebundenheit. Letzterer hielt auf Elégance in der Toilette; Großmama hasste hierin den Zwang, überwand sich aber hierin um ihm zu gefallen. Sie ist ihm zeitlebens eine pflichttreue Frau gewesen; er geriet auf Abwege, wie übrigens viele vornehme Herren seiner Zeit.

Es klang rührend und traurig, wenn Großmama später sagte, von der goldenen Hochzeit[126] an sei er gut für sie gewesen.

Am 9. September 1828 wurde die Trauung der Großeltern in der Tegernseer Pfarrkirche vollzogen. »Venez mes enfants«[127] rief ihnen Herzog Wilhelm nach derselben zu. Er hatte sein Ziel erreicht. Wie es aber um die jungen Eheleute stand, bezeugte noch nach Jahren eine Äußerung Großmamas »Wenn man verheiratet ist, fühlt man

---

[125] Johann Petzmayer (1803–1884), Zithervirtuose und seit 1836 Kammervirtuose im Dienst von Herzog Max in Bayern.
[126] Herzogin Ludovika und Herzog Max in Bayern feierten 1878 goldene Hochzeit.
[127] »Kommt meine Kinder«.

sich so verlassen«. Nach einiger Zeit gestand ihr Großpapa, er habe sie nicht aus Liebe geheiratet, sondern, weil er sich vor seinem Großvater gefürchtet.

Großmama fand es schön, dass er so aufrichtig gegen sie gewesen. In ihren alten Tagen zeigte sie Baron Wulffen[128] die Stelle in ihrem Tagebuch, wo es hieß, sie habe »den 1. Jahrestag ihrer Hochzeit in Tränen zugebracht vom Morgen bis zum Abend.«

Die Hofdame[n] der Königin Karoline meinten, sie solle nur Abends zu ihrer Mutter kommen, man wisse ja doch, daß sie ihre Abend[e] allein verbringe. Während der ersten Jahre stellte sich auch kein Kindersegen ein; erst später wurde Onkel Louis[129] geboren.

Damals bewohnten die Großeltern noch ein Miethaus in München[130]; denn das Palais in der Ludwigstraße[131] wurde erst gebaut. An diesen Bau knüpft sich folgende Geschichte: König Ludwig I. hatte den von seinem Vater verliehenen Titel »Königliche Hoheit« der Linie des Herzogs Wilhelm genommen und »Durchlaucht« dafür gegeben. Nun hieß es, er baue das Palais in die neue Straße des Königs, »pour faire sa cour au roi Louis et avoir l'Altesse Royale et il ne l'aura pas«[132]. Dies war nun auch richtig. Erst viele Jahre später erreichte Großmama diesen Titel für ihre Familie, durch ihre Schwester die Kaiserin Charlotte, welche dem König vorstellte, es sei doch nicht

---

[128] Freiherr Karl Friedrich von Wulffen (1824–1909), seit 1848 in den Diensten der herzoglichen Familie. Langjähriger Oberhofmeister von Herzogin Ludovika in Bayern. »Baron« ist die Anrede für einen Freiherren, daher bezeichnet Amelie ihn (wie die restliche Familie) immer als »Baron Wulffen«.

[129] Herzog Ludwig (»Louis«) in Bayern (1831–1920).

[130] Herzog Max und Herzogin Ludovika mieteten nach der Hochzeit das sogenannte Cotta-Palais in München.

[131] Das heute nicht mehr erhaltene Palais wurde 1828 bis 1831 von Leo von Klenze für Herzog Max in Bayern errichtet. Aufgrund der Flucht vor der Cholera-Epidemie sollte die herzogliche Familie das Palais erst 1832 beziehen.

[132] »um König Ludwig zu umwerben und die Königliche Hoheit zu bekommen und er wird sie nicht haben«

angenehm, wenn bayerische Prinzen den Titel Altesse sérénissime führten.[133] Überhaupt suchte König Ludwig I. immer die Stellung der herzoglichen Familie herunterzudrücken. Handelte es sich um die Loge in der Hofkirche, meinte er, Großmama könne ja in die königliche Tribüne zu ihrer Familie gehen; allein sie sagte immer, ihr Platz sei bei ihrem Mann und bei ihren Kindern, und bekümmerte sich stets mit dem größten Eifer um deren Interessen.

Als Onkel Louis einige Monate alt war, reisten die Großeltern, um einer Choleraepidemie[134] auszuweichen, nach Italien und blieben längere Zeit in Rom. Großmama besichtigte mit Interesse alle Sehenswürdigkeiten, sammelte in den Ruinen so viele Steine, daß sie sich später davon einen kleinen Tisch zusammenstellen ließ, in der Mitte ein Porphyr, den sie im Hofe ihres Gasthofes ausgegraben. Damals waren die Ausgrabungen in Rom noch nicht so weit fortgeschritten, wie jetzt, vom Forum sah erst eine Säule heraus und als Großmamas Hofmarschall […][135] zu eifrig daneben in die Tiefe blickte, um die Arbeiten zu besehen, fiel er in das Loch hinein, wurde herausgezogen und schrie nach seinem »Cane«, den niemand finden konnte. Er hatte das französische canne ins Italienische übersetzt und einen Hund statt eines Spazierstocks verlangt.

Großmama fuhr immer nachmittags mit Gräfin Rotenhahn (die

---

[133] Am 7. August 1828, kurz vor der Hochzeit von Herzog Max und Prinzessin Ludovika, hatte König Ludwig I. von Bayern der herzoglichen Linie das durch seinen Vater verliehene Prädikat »Königliche Hoheit« (Altesse royale) in der Titulatur aberkannt und durch die rangniedere Anrede »Durchlaucht« (Altesse sérénissime) ersetzt. Erst im Jahre 1845 erhielt die herzogliche Linie den Titel »Königliche Hoheit« zurück und war damit der königlichen Linie vom Rang her wieder gleichgestellt.

[134] Bis Anfang des 19. Jahrhunderts war die Cholera eine lokal auf Indien beschränkte Krankheit. Durch den Ausbruch des Vulkans Tambora (1815) und die damit verbundenen klimatischen Veränderungen verbreitete sich die Cholera über mehrere Kontinente. 1831 / 1832 wütete die Cholera erstmals in Zentraleuropa.

[135] An dieser Stelle hat Herzogin Amelie einen freien Platz in ihren Aufzeichnungen gelassen, wohl um später den Namen des Hofmarschalls einzufügen.

aus der Erzieherin Oberhofmeisterin geworden, wohl auch zum Schaden der jungen Ehe) in die Campagna[136] hinaus, ging Abends mit Großpapa ins Theater. Auch ritt sie öfters aus, befand sich da in ihrer Gesellschaft Miss Salisbury Pigott, spätere Gräfin Wittgenstein[137]. – Beim hl. Vater [...][138] hatten die Großeltern am Anfang und am Ende ihres Aufenthalts Audienz und seufzte Großmama in späteren Jahren nach dieser Zeit, wo man sich in Rom um keinen Hof kümmern mußte.

Von Rom aus ging es nach Neapel, wo König Ludwig Großmama besuchte und auf dem Dach ihres Hauses sitzend fand. Sie besuchte ihn wiederum in Ischia. Einen Eselritt nach Amalfi unternahm Großmama und wurde während sie zu eifrig die Gegend betrachtete, von ihrem Reittier unsanft zu Boden gesetzt.

Von Italien reiste Großmama direkt nach Bamberg zurück, war damals in anderen Umständen mit ihrem 2. Sohn, Pius[139], der in München zur Welt kam. Während Großmama in Wochen lag, bekam Onkel Louis den Keuchhusten. Großmama frug den Arzt, ob man die Kinder trennen solle[:] »Wie machen's denn andre Leute« erwiderte derselbe; die Kinder blieben beisammen, der jüngere bekam den Keuchhusten und starb daran. Großmama erzählte, sie sei nach dem Tode dieses Kindes[140] sehr melancholisch gewesen; da habe man

---

[136] Als Campagna oder auch Campagna Romana bezeichnet man die hügelige Umgebung Roms.
[137] Salisbury Anna Henriette Pigott (1806–1904), seit 1838 verheiratet mit Graf Gustav zu Sayn und Wittgenstein-Sayn (1811–1846).
[138] Auch an dieser Stelle hat Herzogin Amelie Platz in ihrem Manuskript gelassen, wohl um später dem Namen des Papstes zu ergänzen. Als ihre Großeltern 1831 / 1832 in Rom weilten war Bartolomeo Alberto Cappelari (1765–1846) unter den Namen Gregor XVI. Oberhaupt der katholischen Kirche.
[139] Der zweite Sohn von Herzogin Ludovika und Herzog Max in Bayern wird in anderen Quellen Wilhelm genannt.
[140] Der am 24. Dezember 1832 geborene zweite Sohn verstarb bereits am 13. Februar 1833.

in ihrem hohen, wie es scheint düsteren Toilettenzimmer, ein kleineres, freundliches Gemach (in der Art eines Zeltes) aufgeschlagen. Also scheinen die Großeltern um diese Zeit das Palais in der Ludwigstraße bewohnt zu haben.

Auf einer Reise nach Bayreuth zu Herzog Pius ging Großmama, wie sie sagte »ein Zwilling verloren«. Sie scheint eine Blutung gehabt zu haben; das andere Kind kam glücklich zur Welt und war Tante Helene[141]. Nun schmerzte es Großmama noch in ihren alten Tagen (bes[onders] als ihre eine Enkelin Zwillingsknaben bekam[142]) nie Zwillinge geboren zu haben; doch tröstete sie sich folgendermaßen »wäre es (das Verlorene) ein Bub gewesen, wäre Dein Papa nicht der Älteste geworden; und wenn es ein Mädchen gewesen wäre – denke dir zwei Tante Helene« (der bezügliche Ausdruck des Entsetzens läßt sich auf dem Papier nicht wiedergeben; Tante Helene besaß sehr gute und große Eigenschaften, aber einen ungeheuer, schwierigen Charakter. Und hat in ihrer Mädchenzeit Großmama das Leben sauer gemacht.)

In diese Zeit fällt auch ein weiteres Ereigniß; der Kauf von Possenhofen[143]. Großmama hatte die Wahl zwischen letzterem und Leutstetten[144] und zögerte keinen Augenblick Possenhofen zu wählen. Es gehörte damals einem Grafen Larose[145] und stand nur das sogenannte alte Schloß und ein ganz schmales Nebengebäude. Den Neubau haben meine Großeltern gebaut. Als am 3. Flügel ein 2. Stock aufgesetzt werden sollte, Großpapa sich einverstanden erklärt, auch

---

[141] Herzogin Helene (»Nené«) in Bayern (1834–1890).
[142] Gemeint ist Maria Theresia von Bourbon-Sizilien (1867–1909), die 1891 Zwillinge zur Welt brachte.
[143] Schloss Possenhofen am Westufer des Starnbergers Sees, in der herzoglichen Familie »Possi« genannt.
[144] Schloss Leutstetten, nördlich von Starnberg auf einem Hügel über dem Leutstettener Moos gelegen.
[145] Schloss Possenhofen gehörte zum Zeitpunkt des Verkaufs den Erben des verstorbenen Reichsgrafen Desider Basselet von LaRosée (1772–1834).

*Ein von allen geschätztes Refugium: Schloss Possenhofen (»das liebe Possi«) am Starnberger See*

die Steine schon herbeigeschafft waren, stimmte einer der früheren Schulkameraden Großpapa um, daß er seine Einwilligung zurückzog zu Großmamas großen Verdruße.[146]

Als die Großeltern Possenhofen kauften, war der Starnbergersee noch viel einsamer als jetzt und von dichten Wäldern umgeben. Tante Helene, die ein zartes Kind war, wurde viel im Walde am Rande des jetzigen Parkes herumgetragen; auch dieser bestand nicht in seiner jetzigen Gestalt, und ist seine Anlage zum großen Teil Großmamas Werk.

Im Winter waren die Großeltern gewöhnlich in München, wo damals ein sehr reges geselliges Leben herrschte. Während des Karne-

---

[146] Herzog Max und Herzogin Ludovika ließen die neben dem alten Schloss gelegenen Ökonomiegebäude entfernen und dort einen Neubau errichten, den sogenannten Hufeisenbau, der zunächst zweigeschossig war. Ab 1854 wurde der Hufeisenbau um ein Stockwerk erhöht, allerdings nur der östliche und südliche Trakt.

vals war fast jeden Abend, mit Ausnahme des Freitag, durch einen Ball in Anspruch genommen; man fand fast keinen freien Abend, wenn man eine Gesellschaft geben wollte, erzählte Großmama oft in späteren Jahren; auch, dass der spätere Prinzregent[147] seiner Mutter[148] versprechen musste, nicht mehr als 3 Bälle in einer Woche durchzutanzen.

Im Winter und Frühjahr 1836 auf 1837 waren die Großeltern in Bamberg[149] und scheint dies eine Zeit gewesen zu sein, in der ihr gegenseitiges Verhältniß ein besseres war: Großmama gedachte derselben mit einer Art Liebe.

Als Großmama am Weihnachtsabend 1837 zu ihrer Mutter zur Bescherung fahren wollte, verbot es ihr Arzt: um Mitternacht, als gerade die Weihnachtsglocken läuteten, [wurde] Tante Sisi[150] geboren. Sie brachte einen Zahn mit zur Welt, was als Zeichen besonderen Glückes gedeutet wird. Glanz hat sie wohl in ihrem Leben gehabt, aber wenig wahres Glück.

Im Jahre 1838 machte mein Großvater eine Reise nach dem Orient, hiebei möchte ich erwähnen (obwohl ich es erst selbst vor Kurzem erfuhr), daß er es war, der in Jerusalem die Geißelungskapelle[151] wiederaufbauen ließ. Großmama rühmte öfters das Benehmen von Großpapas Leibarzt (Koch?[152]), der wohl wissend, daß er an der Pest

---

[147] Prinz Luitpold von Bayern (1821–1912), seit 1886 Prinzregent des Königreichs Bayern.

[148] Königin Therese von Bayern (1792–1854), geborene Prinzessin von Sachsen-Hildburghausen. Seit 1810 Gemahlin des späteren Königs Ludwig I. von Bayern.

[149] Grund dafür war eine zweite Choleraepedemie in Zentraleuropa, die diesmal auch München erreichte.

[150] Herzogin Elisabeth (»Sisi«) in Bayern (1837–1898).

[151] Die Geißelungskapelle liegt in der Jerusalemer Altstadt an der Via Dolorosa. Herzog Max in Bayern finanzierte die Wiederherstellung der verfallenen Kapelle.

[152] Hier irrt Herzogin Amelie – der Leibarzt, der Herzog Max in Bayern auf seiner Reise in den Orient begleitete, hieß Dr. Ernst Baier. Er starb im Mai 1838 in Nazareth an der Pest.

erkrankt sei, erklärte er sei nur unwohl, die anderen möchten vorausreisen; so starb er allein (zu Betlehem?) in Palästina.

Am 9. August wurde zu Possenhofen Papa[153] geboren, Großmamas Stolz und Freude, ihr Liebling, den sie allen anderen Kindern vorzog. »Uns alle hätte sie hergegeben für Deinen Papa« sagte mir einmal Tante Marie. Papa war, wie es scheint, ein sehr schönes Kind und soll besonders in einem blauen Sammtkleid wunderhübsch ausgehen haben. Er war ruhig und beobachtend, betrachtete besonders die Natur mit großer Aufmerksamkeit, so daß Großmamas Gräfin Rotenhahn behauptete, er werde einmal Naturforscher.

Als Papa 14 Tage alt war, ging Großmama zu Fuss auf das Tatzerl[154], also ungefähr eine ½ Stunde hin und zurück, den nächsten Tag fuhr sie nach Tutzing und ging dort auf den Johannisberg. Nur eine Migraine trug ihr dieser Mangel an Schonung ein, ohne weitere, schlimme Folgen. Großmama liebte es, diese Geschichte zu erzählen und dabei ihre Leistungsfähigkeit gegenüber den modernen Frauen zu betonen. Auch sagte sie, um sie habe sich ja niemand bekümmert, Gräf[in] R[ottenhan] die Sache nicht verstanden und ihr Arzt Dr. Breslauer[155] sie eben behandelt wie seine anderen Patientinnen, die Bauernweiber. Dieser Arzt hatte den Feldzug in Rußland 1812 mitgemacht und, als er sah, daß seine Zehen erfroren seien, dieselben selbst abgeschnitten.

Auf Papa folgten Tante Marie[156], Tante Spatz[157], die ein zartes Kind war, man sagte ihr, sie sehe aus wie ein kranker Spatz, nun wurde sie bei diesem Namen, anstatt bei ihrem Taufnamen Mathilde, ge-

---

[153] Herzog Carl Theodor (»Gackel«) in Bayern (1839–1909).
[154] Beim »Tatzerl« scheint es sich um eine Erhebung im Park von Possenhofen gehandelt zu haben.
[155] Dr. Heinrich von Breslau (1784–1851). Breslau hatte als Militärarzt in französischen Diensten am Russlandfeldzug Kaiser Napoleons I. (1812) teilgenommen.
[156] Herzogin Marie in Bayern (1841–1925).
[157] Herzogin Mathilde (»Spatz«) in Bayern (1843–1925).

nannt. Nach ihr kam Tante Sophie[158] und zuletzt Onkel Maperl[159]. Letzterer war als Kind hässlich und König Ludwig sagte von ihm zu Großm[ama] »ganz der Herzog Pius«. Auch hatte Großm[ama] noch einen Sohn, der in der Geburt erstickte (Ich weiss nicht, in welchem Jahre[160].).

Großpapa hatte in München im Hof des Palais einen Circus, in dem er Vorstellungen gab, denen auch Großmama beiwohnte. Er trieb großen Luxus und verlor hiedurch einen Teil seines großen Vermögens. – Eine edlere Passion war seine Liebe zur Musik. Durch Petzmaier[161] ließ er sich auf der Zither vorspielen und übte selbst dieses Instrument aus.

Großmama lebte vor allem für ihre Kinder. In der Liebe zu ihnen, in der Freude an ihrer Entwicklung fand sie Trost für Großpapas Gleichgültigkeit und Untreue. Noch erinnere ich mich mancher ihrer Aussprüche, die bezeugen, wie hoch sie das Mutterglück schätzte »Man kann nie genug Kinder haben«, sagte sie oft und setzte einmal hinzu »wenn die Kinder fort sind hat man die Enkel«. Sie entsetzte sich über die modernen Frauen, welche nicht viele Kinder haben wollten. »Il ne faut jamais faire la loi au bon Dieu«[162], meinte sie. Auch äußerte Großmama, die Männer gehen ja ihre Wege, was einem bleibe seien die Kinder.

Den Sommer führte Grossmama in Possenhofen ein einfaches Landleben; sie selbst äußerte, in der Zeit vor Tante Sisis Heirat[163] sei sie etwas verbauert. Sie hielt sich viel im Freien auf, machte mit ihren Kindern große Spaziergänge. Bekam dabei naße Füße, wechselte nie die Schuhe; machte auch im Sommer alle Türen und Fenster gegen-

---

[158] Herzogin Sophie Charlotte in Bayern (1847–1897).
[159] Herzog Maximilian Emanuel (»Mapperl«) in Bayern (1849–1893).
[160] Am Abend des 8. Dezembers 1845 brachte Herzogin Ludovika einen toten Sohn zur Welt.
[161] Vgl. S. 88, Anmerkung 125.
[162] »Man darf dem lieben Gott niemals etwas befehlen.«
[163] Herzogin Elisabeth (»Sisi«) in Bayern heiratete im April 1854 Kaiser Franz Joseph I. von Österreich.

*Stand seiner Gemahlin Ludovika mit Gleichgültigkeit gegenüber:*
*Herzog Max in Bayern, Amelies Großvater väterlicherseits*

einander auf. »Vous serez criblée de rhumatismes«[164] prophezeite ihr Baronin Tänzel[165], dies traf aber nicht ein, dagegen hatte letztere Dame später unter Rheumatismus zu leiden. Nur in einer Hinsicht hielt Großmamas eiserne Gesundheit nicht stand; sie litt häufig an Migrainen, die sehr heftig auftraten. – Wie ihre Kinder etwas älter waren, unternahm Großmama jedes Jahr mit denselben eine Ferienreise ins Gebirg, war auch einmal in Oberammergau, konnte aber wegen Migraine dem Passionsspiel nicht beiwohnen. – Bei den 2 äl-

---

[164] »Sie werden von Rheumatismus gequält [wörtlich: durchlöchert] werden.«
[165] Freiin Amalie Tänzl von Tratzberg (1825–1916).

testen Töchtern war zuerst als Erzieherin eine Engländerin[166], die später Onkel Louis Erzieher, den Grafen Spreti[167] heiratete.

HEFT 2

Hierauf Baronin Luise Wulffen (spätere Gräfin Hundt)[168], deren Schwester Minna (spätere Baronin Perfall)[169] Grossmamas Hofdame war. Die beiden Baroninnen Tänzel Amelie und […][170], erzogen die drei jüngeren Tanten. Es waren gewiss lauter uranständige, tadellose Damen, denen Großm[ama] die Erziehung ihrer Töchter anvertraute; ob sie aber ihrer Aufgabe gewachsen waren, diese lebhaften, originellen Charaktere zu leiten? Das möchte ich zum Mindesten bezweifeln. Alle Wochen kam auch ein Wagen voll Lehrer aus München, um den Unterricht zu erteilen. Im November zog dann jedes Jahr Alles ins Winterquartier nach München.

Onkel Louis Erzieher war ein Graf Spreti[171], der sehr strenge und hart mit ihm gewesen und teilweise die Schuld an seinem späteren

---

[166] Maria Newbolt (1802–1866), Erzieherin von Herzogin Helene und Herzogin Elisabeth in Bayern.

[167] Graf Karl von Spreti (1806–1864) war von 1841 bis 1845 Erzieher von Herzog Ludwig (»Louis«) in Bayern.

[168] Freiin Luise von Wulffen (1825–1914). Nachfolgerin von Mary Newbold als Erzieherin im herzoglichen Haushalt. Luise von Wulffen war die jüngere Schwester von Karl von Wulffen, Ludovikas langjährigem Oberhofmeister, und hatte eine innige Beziehung zu Herzogin Elisabeth (»Sisi«). Sie heiratete 1852 Graf Max Joseph Hundt zu Lautterbach und schied damit aus dem Dienst aus.

[169] Freiin Wilhelmine (»Minna«) von Wulffen (1820–?), seit 1851 verheiratet mit Freiherr Georg von Perfall.

[170] Freiin Amalie Tänzl von Tratzberg (1825–1916) und ihre jüngere Schwester Maria Anna (1826–1893). Amalie Tänzl von Tratzberg stand von 1851 bis 1866 in den Diensten der herzoglichen Familie, Maria Anna Tänzl von Tratzberg von 1857 bis 1861.

[171] Vgl. Anmerkung 167.

merkwürdig scheuen Wesen getragen haben soll. Großmama kürzte einen Badeaufenthalt in Sheveningen[172] ab um ihn nicht lang allein mit Graf Spreti zu lassen; nahm sogar 2 Kurbäder an einem Tage, um schneller fertig zu werden. In Sheveningen lernte sie die damalige Prinzessin von Oranien[173] kennen die sehr freundlich für sie war und ihr das »Du« anbot. Später kam dieselbe als Königin von Holland nach München. Großmama, die nicht aufdringlich sein wollte, nannte sie »Majestät«. Die Königin schien die frühere Intimität vergessen zu haben und wehrte ihr nicht.

Mit Onkel Louis' Erziehung schien es Schwierigkeiten gehabt zu haben daher entschloß sich Großmama, ihn für einige Jahre meinen sächsischen Großeltern anzuvertrauen, damit er mit deren Söhnen erzogen werde. König Ludwig I., der als Familienoberhaupt gefragt werden mußte, erlaubte es unter der Bedingung, dass Onkel Louis keinen protestantischen Geschichtslehrer bekomme; »der Geschichtslehrer[174] meiner Kinder bin ich selbst«, antwortete mein sächsischer Großvater. Onkel Louis hat letzterem treue Anhänglichkeit und Verehrung bewahrt.

Das Jahr 1848 brachte auch für Großmama und ihre Kinder einen besonders kritischen Tag: die Bauern zogen vor das Schloß in Possenhofen und drohten es in Brand zu stecken, wenn man ihnen nicht gewisse Rechte, wie Laubrechen im Wald ect. bewillige; doch scheint die Sache ohne weiteren Schaden verlaufen zu sein. In München gab es auch Straßentumulte, und bei einem derselben soll Tante Helene (die damals noch kaum erwachsen war) einen Versuch zur Beru-

---

[172] Scheveningen, heute ein Stadtteil von Den Haag, war im 19. Jahrhundert ein Badeort an der niederländischen Küste.
[173] Prinzessin Sophie von Württemberg (1818–1877), seit 1839 verheiratet mit dem niederländischen Thronerben Wilhelm III. und an dessen Seite von 1849 bis 1877 Königin der Niederlande.
[174] König Johann I. von Sachsen, Herzogin Amelies Großvater, war gebildet und sprachbegabt. Unter dem Pseudonym »Philaletes« übersetzte er Dantes »Divina Commedia« ins Deutsche.

higung der Aufständischen haben machen wollen, indem sie zum Fenster hinausrief: »Brüder, gegen Brüder!«.

Großtante Sophie[175] war in dieser unruhigen Zeit[176] aus Wien geflüchtet. Mit ihrem Manne und ihren Kindern unternahm sie eine Spazierfahrt vor die Stadt hinaus; als sie sich außerhalb der Mauern befand, frug sie den Kutscher, ob er ihr treu sei und, als er dies bejate, befahl sie ihm, nicht mehr nach Wien zurückzukehren. So flohen sie alle nach Innsbruck. Dort besuchte Großmama ihre Schwester, fuhr über den Achensee nach Jenbach hinunter und von dort aus nach Innsbruck. Großmama war in Begleitung mehrerer ihrer Kinder, darunter Papa und Tante Sisi, wohl für letztere die erste Reise in ihre zukünftige Heimat. Nach Innsbruck hatten sich auch andere Mitglieder der österreichischen Kaiserfamilie geflüchtet, darunter Kaiser Ferdinand[177]. »Nitwahr, des hättn's nit denkt, von meine Wiener«, rief er Großmama zu. Großmama bezeichnete ihn als geistig sehr unbegabt – eine Art Trotel. Mit ihm hatte man die sehr schöne bourbonische[178] Prinzessin Marianne[179] verheiratet. Um ihr durch äußeren Glanz ihr trauriges Schicksal zu erleichtern, gab man ihr und ihrem Manne den Titel König und Königin von Ungarn.

Kaiserin Marianne suchte Trost in großer Frömmigkeit. Im Jahre 1848 soll sie sich sehr gut benommen haben, indem sie ihren Mann nie allein ließ und dadurch verhinderte, dass Revolutionärgesinnte ihm alle möglichen Zugeständnisse erpreßten.

---

[175] Erzherzogin Sophie von Österreich (1805–1872).
[176] Die revolutionären Unruhen der Jahre 1848/1849 erschütterten das Kaiserreich Österreich besonders stark.
[177] Kaiser Ferdinand I. der Gütige von Österreich (1793–1875) war zwischen 1835 und 1848 Kaiser von Österreich. Er litt unter Epilepsie und einem Wasserkopf.
[178] An dieser Stelle irrt sich Herzogin Amelie: Marianne entstammte nicht dem Hause Bourbon, sondern dem Hause Savoyen.
[179] Maria Anna (»Marianne«) von Sardinien-Piemont (1803–1884), an der Seite ihres Gatten Ferdinand I. Kaiserin von Österreich von 1835 bis 1848.

In Innsbruck sah Grossmama auch die Gräfin von Meran[180]; sie war eine Posthalterstochter, welche Erzherzog Johann auf einer Reise gesehen und aus Liebe geheiratet hatte. Dabei soll sie nicht schön gewesen [sein]; doch genoss sie die besondere Achtung der so strengen Großtante Sophie und Großmama rühmte besonders ihre große Bescheidenheit in dem Augenblicke, wo sie als Frau des Reichsverwesers[181] die »erste, teutsche Frau« genannt wurde.

Großpapa, der vielfach seine eigenen Wege ging, kümmerte sich doch um die Erziehung seiner Söhne und wollte, zu Großmamas Entsetzen, Papa in eine Erziehungsanstalt in der Schweiz thun, doch Grossmama fand einen guten Erzieher, Baron Karl Wulffen[182], und hiedurch wurde dies drohende Übel beseitigt. Später übernahm B[aron] W[ulffen] auch Onkel Maperls[183] Erziehung. Die diplomatische Carriére, für die er bestimmt war, hat B[aron] W[ulffen] hiedurch gegen einen bescheideneren Wirkungskreis vertauscht. Eine Zeitlang war er Hofmarschall, doch kam er in Streit mit Großpapa, in einer für letzteren nicht sehr ehrenhaften Angelegenheit[184], blieb aber im Haus als Großmamas Oberhofmeister, die ihn nicht aus ihren Diensten entlassen wollte. Ohne, dass jemand es wusste, ersetzte sie aus ihrem Privatvermögen die Summe, die noch fehlte, um

---

[180] Anna Plochl (1804–1881), seit 1829 verheiratet mit Erzherzog Johann von Österreich. Sie wurde 1850 zur Gräfin von Meran erhoben.

[181] In der Revolution von 1848/1849 wählte das erste gesamtdeutsche Parlament, die Frankfurter Nationalversammlung, Erzherzog Johann von Österreich zum sogenannten Reichsverweser.

[182] Freiherr Karl von Wulffen (1824–1909), seit 1848 in den Diensten der herzoglichen Familie. Langjähriger Oberhofmeister von Herzogin Ludovika in Bayern.

[183] Herzog Maximilian Emanuel in Bayern (1849–1893), in der Familie »Maperl« beziehungsweise »Mapperl« genannt.

[184] Nach den Aufzeichnungen der Hofdame Marie von Redwitz ging es bei dem Streit darum, dass Karl von Wulffen als Hofmarschall die Gelder verwalten sollte, die für die Versorgung der unehelichen Kinder des Herzogs aufgewendet wurden. Als Wulffen deren Ausmaß erkannte, dankte er in »sittlicher Entrüstung« ab.

*Die gute Seele im herzoglichen Haushalt war ein Mann:*
*Karl von Wulffen*

die frühere Höhe seines Gehaltes zu erreichen; erst in ihrem Testament wurde dies bekannt.

Und sie hatte vollkommen recht, um jeden Preis sich und ihren Kindern einen so treuen Ratgeber und aufopferungsvollen Freund zu erhalten, der manche Gegensätze im Hause vermittelte, und besonders während Großmamas letzter Lebensjahre in so hingebender Weise ihr zur Seite stand. Er hatte so vieles miterlebt und wusste davon zu berichten; auch aus seinen Erzählungen flechte ich nun Manches ein.

Großmamas zwei älteste Töchter wuchsen allmälig heran: T[ante] Helene hatte ein nicht bes[onders] schönes Gesicht, besaß aber eine wundervolle, schlanke und biegsame Gestalt; so sagten alle die sie in ihrer Jugend kannten. Als ältere Frau hatte sie einen außerordentlich, charakteristischen Kopf; doch war ihre einstige Schlankheit spurlos verschwunden. Ihr Charakter muß schon als Mädchen ein sehr schwieriger gewesen sein und Großmama manche schwere Stunde bereitet haben. Umsonst suchte Großmama sie zur Pünktlichkeit[185] zu erziehen. Wie Tante Helene einmal zum Spaziergang nicht zur rechten Zeit fertig war, verließ Großmama ohne sie das Palais (in München). Wie Großmama an der Theatinerkirche anlangte, kam T[ante] Helene ihr nachgestürzt und sagte vorwurfsvoll »du hast nicht auf mich gewartet«. Man denke sich Großmamas Entsetzen bei den strengen Münchner Hofsitten, wo eine Prinzessin nicht nur in Begleitung einer Dame, sondern stets auch von Lakaien begleitet auf die Straße geht.

Doch ist T[ante] Helene, trotz der Härten ihres Charakters, später eine vorzügliche Frau geworden.

Mit besonderer Vorliebe sprach Großmama von Tante Sisis Kinderzeit, sie sei so ein besonders gutes Kind gewesen; oft sparte sie sich ein Stück Kuchen vom Munde ab, um es ihrer Kammerfrau zu geben. Bis zum Alter von 14 Jahren besaß sie ein rundes, nicht bes[onders] schönes Gesicht »wie ein Bauernmädel« sagte Großmama. Dann plötzlich ging eine Wandlung in ihrem Äußeren vor sich; sie entwickelte sich zu großer Schönheit. – Noch vor diese Wandlung eingetreten war, hatte sie durch ihr liebes Wesen das Herz ihres Vetters Karl Ludwig[186] erobert (des 3. Sohnes der Erzherzogin Sophie). Sie scheint damals noch ein ganzes Kind, ohne Verständnis für eine romantische Liebe gewesen zu sein; denn sie sagte zu Großmama: »Der Karl Ludwig hat mir gesagt, den Mond anzusehen. Ich finde es aber so langweilig.«

Großmamas Kinder lebten noch ziemlich frei und ungebunden in ihrem lieben Possenhofen und wenn Großmama Abends vom Spaziergang heimkam, klopfte sie ans Fenster der Fischerleute, die

---

[185] Die notorische Unpünktlichkeit von Herzogin Helene erwähnt auch die Hofdame Marie von Redwitz in ihren Aufzeichnungen. Sie sei so »unpünktlich wie möglich« gewesen und habe sogar den Papst warten lassen.

[186] Erzherzog Karl Ludwig von Österreich (1833–1896).

beim Nachtessen saßen. So gemütlich war der Verkehr mit der Bevölkerung.

Großmama erzählte öfter eine Anekdote aus den Kindertagen der Tanten: sie spielten mit Papa, dass T[ante] Spatz ein Kind sei, das man baden müsse – und Papa setzte in kindlichem Unverstand T[ante] Spatz zum Trocknen auf einen eisernen Ofen; natürlich schrie sie jämmerlich. Sogar das Ofenmuster war ihr eingebrannt. Auch T[ante] Sisi erinnerte sich gerne an diese Geschichte und wie Papa in einem blauen Sammtröckerl danebengestanden und Baronin Tänzel versicherte: »Elle ne fait que du plaisir« (wörtliche Übersetzung von: sie macht nur einen Spaß). – Die leicht zusammenfahrende Bar[onin] Tänzel scheint der Gegenstand mancher Neckereien gewesen zu sein. Wollte sie mit den Tanten das Nachtgebet [sprechen] sprang Papa plötzlich aus der Ecke hervor »Pour tout l'or du monde«[187], schrie sie erschreckt.

In München lud Großmama verschiedene Altersgenossen ihrer Kinder zu deren Gesellschaft ein. Es wurde dann auch nach Bogenhausen (Großpapas Park, der in der Nähe von München, auf der anderen Seite der Isar lag) gegangen. Abends nach Hause gewandert, wobei die Tanten und ihre Freundinnen eine lange Kette bildeten und auf diese Weise die ganze Straße sperrten. Besondere Freundinnen der Tanten waren die junge Gräfin Adele Yrsch[188], später verheiratete Baronin Magerl, und die verschiedenen Töchter des Barons und der Baronin Baumgarten[189] (spätere Gräfin Fanny Törring[190], Baronin

---

[187] »Für alles Gold der Welt«.
[188] Gräfin Adelheid von Yrsch (1835–?), verheiratet mit Freiherr Otto von Magerl.
[189] Graf Hermann von Paumgarten (1806–1846) und seine Gemahlin Mary, geborene Erskine (1806–1875), Tochter des englischen Gesandten in München.
[190] Gräfin Franziska (»Fanny«) von Paumgarten (1834–1894), verheiratet mit Graf Clemens zu Toerring-Jettenbach.

Lerchenfeld[191], Gräfin Pappenheim[192], Baronin Feningen[193], Gräfin Kospot[194] und eine Irene[195], die unverheiratet starb).

Auch kleine Abendgesellschaften gab Großmama für ihre Kinder und sagte später, wie froh sie gewesen, daß sie auf diese Weise die Tanten Sisi und Marie auf ihre spätere Stellungen und daraus erwachsenen Pflichten vorbereitet habe.

Großmama erzählte, sie habe während einer ihrer Reisen nach Ischl[196] ihre beiden ältesten Töchter in Berchtesgaden bei der Königin Therese[197] gelassen, damit es nicht aussehe, als wolle sie die Aufmerksamkeit des Kaisers auf eine derselben lenken – im nächsten Jahr[198] aber wurde Tante Sisi die Braut des Kaisers[199]. Die Großeltern scheinen den Wunsch gehegt zu haben, seine Wahl möchte auf Tante Helene fallen. Mit beiden Töchtern war Großm[ama] nach Ischl gereist, und schon am 1. Abend zeigte sich des Kaisers Neigung für Tante Sisi. Seine Mutter frug ihn ob er am nächsten Tage, auf die Jagd gehen wolle. Er, der ein großer Jagdliebhaber war, antwortete »nein«. Großtante Elise von Preußen, die hierbei zugegen war, mach-

---

[191] Gräfin Elisabeth von Paumgarten (1833–1878), verheiratet mit Freiherr Maximilian von Lerchenfeld.
[192] Gräfin Hermine von Paumgarten (1836–1914), verheiratet mit Graf Klemens zu Pappenheim-Rothestein.
[193] Gräfin Gabriella von Paumgarten (1845–1871), verheiratet mit Freiherr Heribert von Venningen.
[194] Gräfin Maria von Paumgarten (1843–1875), verheiratet mit Graf Karl August von Kospoth.
[195] Gräfin Irene von Paumgarten (1839–1892).
[196] Der Kurort Ischl (heute: Bad Ischl) im Salzkammergut war seit der Mitte des 19. Jahrhunderts die Sommerresidenz der österreichischen Kaiserfamilie.
[197] Königin Therese von Bayern (1792–1854), die Gemahlin von König Ludwig I. von Bayern.
[198] 1853.
[199] Kaiser Franz Joseph I. von Österreich (1830–1916), seit 1848 Nachfolger von Kaiser Ferdinand I. von Österreich.

te Großmama ein Zeichen; das hieß nach den eigenen Worten der letzteren »der hat Feuer gefangen«.

In München lenkten sich alle Blicke auf Tante Sisi, die Kaiserbraut, die damals eine besonders schöne Erscheinung gewesen sein muß. Selbst König Ludwig I. vergaß seine Eifersucht auf die herzogliche Familie und – da er selbst keine Töchter mehr zu verheiraten hatte – freute er sich, dass eine Bayerin Kaiserin werden sollte. Doch T[ante] Sisi selbst war nicht geblendet durch den Glanz der Stellung, die ihr bevorstand; im Gegenteil, sie fürchtete sich eher davor[.] »Wenn nur der Kaiser ein Schneider wäre« äußerte sie einmal Großmama gegenüber. Ob sie, die noch nicht 16jährige wohl Liebe für ihren Vetter den Kaiser verspürte? Man hatte wohl nicht viel nach ihren Gefühlen gefragt; »dem Kaiser von Österreich gibt man keinen Korb« sagte später einmal Großmama.

T[ante] Sisi war eben noch ein halbes Kind; muss aber doch eine Art kindlicher Neigung für den Kaiser empfunden haben; denn (dies eine Erzählung B[aron] Wulffens), als er einmal von München abreiste, weinte sie so, dass sie im Gesicht ganz verschwollen war. Nun wollte aber Großpapa, daß sie, mit den im anderen Zimmer befindlichen Herren des Kaisers rede, T[ante] Sisi wollte sich denselben nicht mit verweinten Augen zeigen; dies erregte Großpapas Zorn so sehr, daß er sie am Hals packte. Großmama stand ganz unglücklich daneben.

Im April 1854 wurde in Wien des Kaisers und Tante Sisis Hochzeit gefeiert. Als nach derselben alle Erzherzoginnen der jungen Kaiserin die Hand küssen mussten, wollte dieselbe es ihren Cousinen, den beiden Töchtern K[önig] Ludwigs I. von Bayern Adelgunde[200] und Hildegard[201] wehren, rief aus »wir sind ja Cousinen«, allein Großtante Sophie bestand darauf, daß hierin der alte Brauch gewahrt würde. Und so war es wohl auch in manchen anderen Dingen. Sie war durch

---

[200] Prinzessin Adelgunde von Bayern (1823–1914), verheiratet mit Herzog Franz V. von Modena aus der Linie Österreich-Este.
[201] Prinzessin Hildegard von Bayern (1825–1864), verheiratet mit Erzherzog Albrecht von Österreich.

ihr Schicksal zwar eine vorzügliche und in sittlicher Beziehung tadellose aber dabei auch sehr harte herrische Frau geworden, die kein Herz für die Wünsche des jungen Paars besaß. Lange Jahre hatte sie sich darauf vorbereitet, einst Kaiserin zu werden[202]; der Verzicht des Kaisers Ferdinand zugunsten ihres Sohnes hatte diesen Aussichten ein Ende gemacht. Nun wollte sie ihren Sohn beherrschen. Es gelang ihr, den Abschluss eines Konkordats mit Rom durchzusetzen, das aber wieder zurückgenommen werden musste.[203] Indem sie die Heirat ihres Sohnes mit ihrer Nichte unterstützte, hatte sie gehofft, eine ihren Wünschen gefügige Schwiegertochter zu erhalten; doch dem war nicht so. Wann sich die Gegensätze in den Charakteren bemerkbar machten, weiß ich nicht.

Tante Sisi sehe ich vor mir in den späteren Jahren – die hohe schlanke Gestalt mit den sonnigen, braunen Augen, die so furchtbar ernst blickten, aber hinwiederum so schelmisch und auch spöttisch lächeln konnten. – Tante Sisi, die so unendlich gut sein konnte und danach trachtete, jedem eine Freude zu bereiten, die aber war sie einmal verletzt, hart und unversöhnlich blieb, auf die der Psalmenspruch[204] passte, in dem der große Jehova geschildert wird, zu dem sie eine große Verehrung hegte: »Gegen den untadeligen Mann bist Du untadelig, gegen den bösen aber …[205]

Tante Sisi in ihrer Verachtung alles Schematischen, Konventio-

---

[202] Sophie war verheiratet mit Erzherzog Franz Karl von Österreich, der durch die Kinderlosigkeit seines älteren Bruders, Kaiser Ferdinand I., lange Zeit als dessen Nachfolger galt. 1848 verzichtete Ferdinand I. zugunsten von Sophies ältestem Sohn Franz Joseph auf den Thron.

[203] Gemeint ist das Konkordat aus dem Jahre 1855, das den Höhepunkt des Einflusses der katholischen Kirche in Österreich markiert. Es entzog Eherecht, Schulwesen und den Klerus dem staatlichen Machtbereich. Es wurde 1868 durch die sogenannten Maigesetze modifiziert und 1874 aufgehoben.

[204] Altes Testament, Buch der Psalmen. Herzogin Amelie zitiert hier aus Psalm 18.

[205] An dieser Stelle lässt Herzogin Amelie eine Lücke in ihren Erinnerungen.

*Genial, originell, voll Menschenverachtung und Ironie –
so beschreibt Amelie ihre Tante Sisi, Kaiserin von Österreich,
hier mit ihrem Hund Horseguard*

nellen, in ihrer Liebe zu freien Natur – in ihrer rührenden Anhänglichkeit an ihre Geschwister und vor Allem an Großmama, die aber mit einem eigenen Widerspruchsgeist gepaart war, der sie dazu trieb, letzterer Dinge zu sagen, die sie verletzen oder doch zum Mindesten sehr erstaunen mußten. Genial, originell war sie, voll Menschenverachtung und Ironie dabei aber treu in ihrer Anhänglichkeit an alle, die sie in ihrer Kindheit gekannt, voll guter und großer Eigenschaften, besonders in großen Momenten ihres Lebens; aber sie brauchte im geistigen und körperlichen Sinn freie Luft um zu atmen.

Sie hatte schon in ihrer Mädchenzeit gedichtet, doch in der Prosa des Lebens versiegte diese poetische Ader, bis die dichterischen Versuche ihres Lieblings Valerie[206] ihr selbst zur erneuten Anregung dienten. Denn was Papa für Großmama, war Valerie für Tante Sisi – der Mittelpunkt ihres Lebens; doch dies gehört in eine spätere Zeit.

Wie schwer kann ich, die sie später kannte, [mir] Tante Sisi als junge Frau denken, wo ihre Eigenart noch nicht so ausgeprägt war.

Doch kann ich mir wohl denken, wie schwer der Zwang der österreichischen Etikette und die Herrschaft ihrer Schwiegermutter auf ihr lastete. Der Kaiser selbst liebte seine Frau innig, doch war er ihr sehr unähnlich – nüchtern, pflichttreu, allen Absonderlichkeiten abhold, gewissenhaft. Eine große Achtung hat er ihr immer eingeflößt, sie hat ihr Leben für ihn aufs Spiel gesetzt, als sie bei Besuch der Ausstellung in Triest[207] ihn dorthin begleitet, gerade, weil ihm Gefahr drohte, und sich immer auf die Seite gestellt, woher dieselbe kommen konnte, um ihn zu schützen; sagte sie doch selbst, es sei leichter sein Leben für jemanden einzusetzen, als das Kreuz des täglichen Lebens für ihn zu ertragen. An den Kleinigkeiten des Alltagslebens scheiterte ihre Geduld.

Als junge Frau weinte sie oft in Laxenburg[208] vor Heimweh und sehnte sich überhaupt nie nach ihrer Jugend zurück, da sie in derselben so unglücklich gewesen. Eine Erzählung Großmamas ist bezeichnend für das Leben am österreichischen Hofe; dem Kaiser machte es Spass, allein mit seiner jungen Frau durch die Säle der

---

[206] Erzherzogin Marie Valérie von Österreich (1868–1924), die jüngste Tochter von Kaiserin Elisabeth und Kaiser Franz Joseph I. von Österreich.

[207] Trotz der Gefahr eines Attentats traten Kaiser Franz Joseph und Kaiserin Elisabeth von Österreich im September 1882 eine Reise nach Triest und nach Dalmatien an. Vgl. den Tagebucheintrag ihrer Tochter Marie Valérie vom 15. September 1882; Marie Valérie von Österreich: Tagebuch der Lieblingstochter von Kaiserin Elisabeth, hrsg. v. Martha und Horst Schad, S. 32.

[208] Schloss Laxenburg südlich von Wien. Neben Schloss Schönbrunn der wichtigste Sommersitz der Habsburger.

Hofburg[209] in das mit derselben zusammenhängende Burgtheater zu gehen; doch da fuhr seine Mutter dazwischen; nur in Begleitung einiger Hofstaaten durften sie feierlich diesen Gang unternehmen.

Als Tante Sisi zum 1. Male in anderen Umständen in Ischl weilte, hatte sie nicht einmal eine eigene Ménage[210] und musste jede Mahlzeit bei ihren Schwiegereltern einnehmen. Als die drei ältesten Kinder hintereinander erschienen – Sophie[211], die als kleines Kind in Ofen starb, Gisela[212] und Rudolf[213] – legte Großtante Sophie auch auf sie die Hand und entfremdete sie der eigenen Mutter.

Ein weiterer Grund zur Uneinigkeit war Sisis Vorliebe für die Ungarn; vielleicht, daß der ihr eigene Widerspruchsgeist sie dazu antrieb, ihre Sympatie für dieses Volk noch mehr an den Tag zu legen, als sie es sonst wohl getan hätte. Jedenfalls erwarb sie sich in hohem Maße die Liebe der Ungarn, was dem Kaiserhause doch auch wieder zu Gute kam. Jemand – ich glaube sogar der Kaiser selbst – sagte ihr, Ungarisch sei zu schwer, das werde sie nie erlernen. Nun gerade extra setzte sie ihren eisernen Willen ein und bezwang diese so schwierige Sprache so gut, dass sie dieselbe correkter sprach, als die Eingeborenen.

Nach Rudolfs Geburt wurde Tante Sisi schwer krank. Man hielt sie für lungensüchtig, sandte sie zuerst nach Madeira[214] – später nach Corfu[215]; Madeira fand sie so schön und wünschte, einmal dorthin zurückzukehren; doch am Meisten entzückte sie Corfu. Sie war so schwer krank dorthin gereist, dass man in Wien an ihrer Genesung verzweifelte und schon das ganze Ceremoniell für die Überführung ihrer Leiche nach Österreich zurück bestimmt hatte; stattdem kehrte

---

[209] Residenz der Habsburger in Wien.
[210] Haushalt.
[211] Erzherzogin Sophie von Österreich (1855–1857).
[212] Erzherzogin Gisela von Österreich (1856–1932).
[213] Erzherzog Rudolf von Österreich (1858–1889).
[214] Portugiesische Insel im Atlantischen Ozean.
[215] Griechische Insel, die zweitgrößte der Ionischen Inseln. Von 1815 bis 1864 Teil der Republik der Ionischen Inseln unter britischem Protektorat.

sie lebend zurück und behielt von da ab eine große Anhänglichkeit an Corfu und die Gestade des Mittelmeeres. Doch war es erst die Behandlung des Hofrats Fischer[216], der Großmamas Kinder seit ihrer Jugendzeit kannte, welche ihr vollständige Heilung brachte. Er erkannte ihr Leiden, sandte sie zum Kurgebrauch nach Kissingen[217] und stellte so ihre Gesundheit wieder her.

Großmama unterhielt mit allen ihren Schwestern und Schwägern rege Beziehungen. Von ihren sächsischen Schwägern zog Großmama den gemütlicheren König Friedrich August[218] meinem ernsteren Großvater vor. Einstmals[219] besuchten Großtante Marie und K[önig] Friedrich August Großmama in Possenhofen: »O mei Louisl, ich hab Dich so gern« rief letzterer Großmama zu, vor er die für ihn so verhängnisvolle Reise nach Tirol antrat. Großtante Marie blieb in Possenhofen und erfuhr hier bei ihrer Schwester die furchtbare Kunde vom plötzlichen Tode ihres Mannes. Nachdem ein Wagenunglück gut überstanden war, blieb er zu nahe an einem Pferde stehen; dasselbe schlug so heftig nach ihm aus, dass hiedurch sein Tod herbeigeführt wurde.[220]

Großt[ante] Maries Selbstbeherrschung wurde bes[onders] gerühmt; denn trotz ihres tiefen Schmerzes kam sie nach Tisch aus

---

[216] Dr. Heinrich Fischer (1814–1874), Hausarzt der herzoglichen Familie. Er begleitete Herzogin Ludovika auf viele Reisen und wurde auch der Arzt, dem ihre Kinder vertrauten.

[217] Kissingen (seit 1883: Bad Kissingen) ist ein Moor- und Mineralheilbad in Unterfranken.

[218] König Friedrich August II. von Sachsen (1797–1854), seit 1833 verheiratet mit Prinzessin Maria Anna (»Marie«) von Bayern, einer Schwester von Herzogin Ludovika.

[219] Der Besuch fand im August 1854 statt.

[220] Herzogin Amelie irrt bei der genauen Darstellung des Unfalls ihres Großonkels. Der sächsische König und ein Kammerlakai waren an einer steilen Stelle im oberen Inntal durch einen abrupten Stopp der offenen Kutsche aus dem Wagen geschleudert worden und landeten zwischen den Pferden. Der Monarch wurde dabei von einem der Pferde, das ausschlug, mit voller Kraft am Kopf getroffen.

*Der Gelehrte in der Familie: König Johann I. von Sachsen,
Amelies Großvater mütterlicherseits*

ihrem Zimmer herunter und sprach mit den anwesenden Damen und Herren. Einer der sächsischen Herren äußerte B[aron] Wulffen gegenüber, nun werde wohl mein Großvater auf den Tron zu Gunsten seines Sohnes verzichten; allein es kam nicht so und der Dante=Forscher und stille Gelehrte wurde König von Sachsen. Ich kann ihn mir noch erinnern[221], in den letzten Jahren seines Lebens ein milder, liebenswürdiger Greis.

Von den Kindern meiner sächsischen Großeltern erzählte Großm[ama], wie die meisten derselben blühend ausgesehen und trotzdem in

---

[221] König Johann I. von Sachsen, Amelies Großvater, starb Ende Oktober 1873, kurz vor ihrem achten Geburtstag.

der Jugendblüte so plötzlich dahingerafft worden. Nur Tante Lili[222], die nie frisch ausgesehen habe alle ihre Schwestern überlebt. Sie hatte den Herzog von Genua[223], Bruder Viktor Emanuels[224] geheiratet, der ihr Grund zur Eifersucht gab. Nur kurze Zeit war sie als junge Frau in Turin anwesend, als vis-à-vis ihrer Loge im Theater diejenige Dame ihren Platz einnahm, die ihr das Herz ihres Gatten entfremdete. Sie wurde in ziemlich jungen Jahren Wittwe und scheint ihrem Mann nicht lange nachgetrauert zu haben; denn das erste Jahr war noch nicht zu Ende, da ließ sie den Bischof von Turin[225] kommen, befahl ihm, sie mit ihrem Hofmarschalle Marchese Rapallo[226], zu trauen. Sie erklärte dabei, alle Verantwortung für diese Handlung selbst übernehmen zu wollen. Daraufhin willfahrte der Bischof ihrem Wunsche. Ihren Eltern teilte Sie ihre Wiederverheiratung telegraphisch mit. In Dresden war man von ihrem Schritt sehr unangenehm berührt. Meine Mama[227], damals noch ein Kind, erregte sich darüber so, dass sie krank wurde. Doch auch in ihrer neuen Heimat hatte [dieser Schritt] für Tante Lili schlimme Folgen: man nahm ihr die Kinder weg (Margarethe und Thomas[228]) und nach sardinischem Hausgesetz verlor sie ihre Stellung am Hofe. Als nach mehreren Jahren es, bei einer offiziellen Gelegenheit in Turin[229] an einer Prinzessin fehlte, welche die honneurs machen konnte, bekam Tante Lili durch Vermittlung ihres Vaters ihre Stellung wieder. Ihre Tochter soll ihr

---

[222] Prinzessin Elisabeth (»Lili«) von Sachsen (1830–1912), eine Tante von Amelie mütterlicherseits.
[223] Prinz Ferdinand von Sardinien-Piemont (1822–1855), ab 1831 Herzog von Genua.
[224] König Viktor Emanuel II. von Sardinien-Piemont (1820–1878), ab 1861 der erste König von Italien.
[225] Luigi Fransoni (1789–1862), von 1832 bis 1862 Erzbischof von Turin.
[226] Nicolò Marchese Rapallo (1825–1882).
[227] Prinzessin Sophie von Sachsen (1845–1867), zum damaligen Zeitpunkt elf Jahre alt.
[228] Prinzessin Margarethe (1851–1926) und Prinz Thomas von Genua (1852–1931).
[229] Turin war die Residenzstadt des Königreichs Sardinien-Piemont.

während ihrer Kinderzeit durch eine Erzieherin entfremdet worden sein; mit Thomas herrschte, wenigstens später ein herzliches Verhältniß. Doch auch in ihrer 2. Ehe fand T[ante] Lili kein vollständiges Glück, und soll sie auf ihre schöne Hofdame, Gräfin Gatinara eifersüchtig gewesen sein. So oft sie Grossmama besuchte, begleitete sie Marchese Rapallo, ein gutmütig aussehender Italiener mit kugelrundem Kopf und einer Glatze; den Helden eines Herzensromans hätte man wohl nie in ihm vermutet; doch nichts im Benehmen der beiden deutete daraufhin, dass sie Mann und Frau waren, trug sie ja auch nicht seinen Namen und blieb Herzogin von Genua. Er starb im Winter 1882 auf 1883. (Meine Schwiegermutter[230] erzählte, Tante Lili habe so rasch wiedergeheiratet um den Nachstellungen ihres Schwagers Viktor Emanuel zu entgehen, auch habe man ihr diesen Schritt nur unter der Bedingung verziehen, dass niemand merke, Marchese Rapallo sei ihr Mann. Es hieß, sie habe auch von ihm eine Tochter gehabt. In meiner Familie hörte ich nie diese Version, auch nie etwas von dieser angeblichen Cousine.)

Eine weitere Tochter meiner sächsischen Großeltern war Tante Sidonie[231]; sie soll so vorzüglich gewesen sein, dass viele wünschten, die Wahl des Kaisers Franz Joseph möge auf sie fallen. Ihr Kopf soll schön, aber ihre Gestalt zu dick gewesen sein; sie starb im Alter von 25 Jahren[232] zu Dresden am Typhus.

Ihr Bruder Ernst[233] – nach Großmamas Ausspruch ein schöner

---

[230] Prinzessin Florestine von Monaco (1833–1897), verheiratet mit Graf Wilhelm von Württemberg, Herzog von Urach, dem Erbauer von Schloss Lichtenstein.

[231] Prinzessin Sidonie von Sachsen (1834–1862). Sie war als Gemahlin für Kaiser Franz Joseph I. von Österreich im Gespräch, bevor sich dieser für Herzogin Elisabeth (»Sisi«) in Bayern entschied. Im Nachlass von Herzogin Amelie im HStA Stuttgart befinden sich Zeichnungen und Aquarelle ihrer Tante Sidonie (GU 118 Büschel 6 und 66).

[232] Hier irrt Herzogin Amelie: Prinzessin Sidonie starb im Alter von 27 Jahren.

[233] Prinz Ernst von Sachsen (1831–1847).

junger Mann – starb im Jünglingsalter an einer Blutkrankheit (oder auch einer Art Typhus, sagte Großmama).

Eine weitere Schwester T[ante] Anna[234], die sehr schön gewesen sein soll, mit wundervollen blauen Augen heiratete den Großherzog von Toskana[235]. Sie soll zu Hause es nie zu Wege gebracht haben ihren Hut gerade aufzusetzen. Als nun meine Mama und deren Erzieherin sie nach ihrer Heirat in Florenz besuchten, sahen sie zu ihrem Erstaunen, daß ihre Hüte nun gerade saßen; als sie sich darüber wunderten, erklärte T[ante] Anna »den Nando« habe eben das schief sitzen so unglücklich gemacht, dass sie es sich abgewöhnte. Sie hatte eine Tochter Antonietta[236] mit Namen, kam ein zweites mal in die Hoffnung und reiste nach Neapel, um die dortigen Verwandten[237] zu besuchen; auch Tante Marie[238] war als neu verheiratete Herzogin von Calabrien dort gewesen. Nun bekamen (dies schreibe ich nach einer Erzählung Tante Lilis) T[ante] Anna und eine Tochter des Herzogs von Aquila[239] zur gleichen Zeit in Neapel den Typhus; beide erlagen der tückischen Krankheit meine Tante um drei Stunden früher als ihre junge Verwandte. »Adesso muore la cugina«[240] rief letztere aus, als habe der nahende Tod ihr die Gabe des Hellsehens gegeben. Für die abergläubischen Neapolitaner galt aber nun Tante Marie als Getatura, Unglückbringerin, da beide Todesfälle bald nach ihrer Ankunft im Lande erfolgten.[241]

---

[234] Prinzessin Anna von Sachsen (1836–1859).
[235] Großherzog Ferdinand IV. (»Nando«) von Toskana (1835–1908).
[236] Prinzessin Maria Antonia (»Antonietta«) von Toskana (1858–1883).
[237] Die Mutter und die Großmutter von Herzog Ferdinand IV. von Toskana entstammten dem Königshaus Neapel-Sizilien.
[238] Herzogin Marie in Bayern (1841–1925) hatte Anfang 1859 Herzog Francesco von Kalabrien geheiratete, den Thronfolger des Königreichs Neapel-Sizilien.
[239] Prinzessin Isabella von Neapel-Sizilien (1846–1859).
[240] »Jetzt stirbt die Cousine«.
[241] Marie hatte am 3. Februar 1859 in Bari erstmals den Boden ihrer neuen Heimat betreten. Die beiden Todesfälle in der Verwandtschaft ereigneten sich sieben Tage später.

Etwas jünger als T[ante] Anna war Tante Margarethe[242], die obwohl einige Jahre älter als meine Mama teilweise mit derselben erzogen wurde; denn letztere sei für ihr Alter voraus T[ante] Margarethe eher zurück gewesen und so ging es sehr gut zusammen erzählte mir Tante Lili.

T[ante] Margarethe, eine für ihre Jugend kolossale Erscheinung heiratete in frühen Jahren Onkel Karl Ludwig von Österreich[243] und war derselbe mit ihr überaus glücklich. In Erinnerung an diese kurze, so glückliche Ehe wollte er, dass einer seiner Söhne eine Tochter des sächsischen Hauses heirate, was aber nicht zum Glück derselben gereichte.

Onkel Karl Ludwig war Statthalter von Tirol und lebte mit seiner jungen Frau in Schloss Ambras bei Innsbruck. Dort luden sie die Innsbrucker Gesellschaft zu Bällen ein. Großtante Marie besuchte das junge Paar und gemeinsam mit ihr bewunderte das junge Paar die schönen Abendbeleuchtungen der Tiroler Gebirgslandschaft.

Zur Taufe Rudolfs[244] fuhren Onkel und Tante nach Wien und dort holte sich letztere den Todeskeim, die tückische Krankheit, die schon 2 ihrer Schwestern[245] dahingerafft hatte. Ahnungslos reiste das junge Paar nach Monza[246] zum älteren Bruder Karl Ludwig[s], Erzherzog Maximilian[247], dem Statthalter der Lombardei. Bei einem Balle fiel ihr merkwürdiges Aussehen auf; sie trank gegen die Fieberkälte Champagner und tanzte noch in Fieberphantasien. Es waren, wie es scheint meine Mama und ihre Schwestern darauf erzogen sehr

---

[242] Prinzessin Margarethe von Sachsen (1840–1858).
[243] Erzherzog Karl Ludwig von Österreich (1833–1896). Als jüngerer Bruder von Kaiser Franz Joseph I. von Österreich fungierte er von 1855 bis 1861 als Statthalter in Tirol.
[244] Die Taufe von Erzherzog Rudolf von Österreich fand am 23. August 1858 statt.
[245] Mit dieser Angabe irrt sich Herzogin Amelie. Richtig müsste es heißen »2 ihrer Geschwister«.
[246] Stadt in der Lombardei, nordöstlich von Mailand gelegen.
[247] Erzherzog Ferdinand Maximilian von Österreich (1832–1867), wie Erzherzog Karl Ludwig ein jüngerer Bruder von Kaiser Franz Joseph I.

hart auf sich zu sein. T[ante] Margarethe starb wie ihre Schwestern, am Typhus.

Mein sächsischer Großvater soll über den Tod seiner beiden Töchter Anna und Margarethe[248] von tiefstem Schmerz ergriffen worden sein. Baron Fabrice[249] (sächsischer Gesandter in München) erzählte mir, wie er ihn bald nachher weinend über seinen Schreibtisch gebeugt gefunden. Nur mit Mühe konnte B[aron] Fabrice ihn dazu bringen, sich etwas aufzuraffen, mußte er ja doch einen schwedischen Gesandten in Audienz empfangen.

Meine Mama war die jüngste Tochter der sächsischen Großeltern doch von ihr werde ich später reden.[250]

Großmama unternahm eine Reise nach Venedig um Tante Sisi dort zu besuchen[251], gehörte ja damals Venezien noch zu Österreich[252], liebte doch Grossmama besonders den Süden wegen des milden Klimas. Sie fuhr dort mit Tante Sisi auf einem letzterer zur Verfügung gestellten Dampfer in der Umgegend herum. Einmal wollte T[ante] Sisi bei stürmischem Wetter in das offene Meer hinaus fahren; doch der Kapitän weigerte sich »ich habe mein Ehrenwort gegeben Majestät nie in eine Gefahr zu bringen.«

Auch Papa reiste in Baron Wulffens Begleitung nach Italien[253] und

---

[248] Die beiden Prinzessinnen starben in einem Abstand von wenigen Monaten, Margarethe am 15. September 1858 in Monza, Anna am 10. Februar 1859 in Neapel.

[249] Freiherr Oswald von Fabrice (1820–1898), sächsischer Geheimer Rat. Von 1874 bis zu seinem Lebensende war er außerordentlicher Gesandter Sachsens in Bayern, wo sein Palais am Karolinenplatz in München zu einem gesellschaftlichen Treffpunkt wurde.

[250] Zu den Aufzeichnungen über das Leben ihrer Mutter scheint Herzogin Amelie nicht mehr gekommen zu sein.

[251] Anschließend an ihren Aufenthalt auf der Insel Korfu lebte Kaiserin Elisabeth von Österreich 1861 / 1862 für sieben Monate in Venedig. Im April 1862 besuchte Herzogin Ludovika ihre Tochter dort.

[252] Durch die Beschlüsse des Wiener Kongresses (1815) war Venetien dem Kaiserreich Österreich zugeschlagen worden.

[253] Diese Reise fand Ende 1856, Anfang 1857 statt.

besuchte noch den alten Feldmarschall Radetzki²⁵⁴ in Verona. Dort war auch Prinz Alexander von Hessen²⁵⁵ und seine Gemahlin²⁵⁶, eine frühere russische Hofdame, die Baron Wulffen klagte, wie langweilig das Leben in Verona sei. Mit ihren Kindern, auch dem nachmaligen Fürsten von Bulgarien²⁵⁷, beschäftigte sich B[aron] Wulffen, der stets ein großer Kinderfreund war. Papa unternahm mit B[aron] W[ulffen] auch eine Reise nach Dalmatien und hätte damals Lust gehabt sich der Marine zu widmen.

Großmama erwähnte, wie sie öfter in Italien ihren Neffen Erzherzog Maximilian²⁵⁸ gesehen, wie er stets so heiter gewesen. Mit Liebe und Wehmut gedachte sie seiner. Er hatte die Tochter des Kaisers von Brasilien und der geborenen Leuchtenberg²⁵⁹, ein reizendes, liebes Wesen, heiraten wollen; allein sie starb an Lungensucht in Madeira. Nun fiel seine Wahl auf Prinzessin Charlotte²⁶⁰, Tochter des Königs Leopold I. von Belgien²⁶¹. Sie war kalt, steif, förmlich und vor Allem außerordentlich ehrgeizig. Ihre Schwiegermutter²⁶² frug sie einst, warum sie die Werbung Onkel Georgs von Sachsen²⁶³ ausge-

---

254   Graf Joseph Radetzky von Radetz (1766–1858), bedeutender österreichischer Feldherr in der ersten Hälfte des 19. Jahrhunderts.
255   Prinz Alexander von Hessen und bei Rhein (1823–1888), Begründer des Hauses Battenberg.
256   Gräfin Julie von Haucke (1825–1895), morganatische Ehefrau des Prinzen Alexander von Hessen und bei Rhein, seit 1851 Gräfin (später Fürstin) von Battenberg.
257   Prinz Alexander von Battenberg (1857–1893), zwischen 1879 und 1886 als Alexander I. Fürst von Bulgarien.
258   Erzherzog Ferdinand Maximilian von Österreich (1832–1867), als Maximilian I. Kaiser von Mexiko (1864–1867).
259   Prinzessin Maria Amalia von Brasilien (1831–1853), einziges Kind des Kaisers Pedro I. von Brasilien aus seiner Ehe mit Amélie von Leuchtenberg.
260   Prinzessin Charlotte von Belgien (1840–1927).
261   König Leopold I. von Belgien (1790–1865).
262   Erzherzogin Sophie von Österreich (1805–1872).
263   Prinz Georg von Sachsen (1832–1904), von 1902 bis 1904 König von Sachsen.

schlagen. »Mais maman, j'aurais été la seconde«[264] erwiderte sie. Als Gemahlin des Statthalters der Lombardei, welche Stelle Erzherzog Maximilian bekleidete, war sie wohl die erste am dortigen Hofe; doch als die Lombardei für Österreich verloren ging[265], hatte sie dort ihre Rolle ausgespielt. Nun kam das Anerbieten Napoleons III.[266], der ihrem Mann die Krone von Mexiko antrug; dies schmeichelte ihrem Ehrgeiz und war sie es vor Allem, die ihn zur Annahme dieses so unsicheren Thrones bewog, der ihm das Leben kostete. Auf der Überfahrt probirte sie auf dem Schiff den Purpurmantel. (Es ist mir ein Rätsel, dass Tante Sisi, die allem steifen und förmlichen Wesen abhold war, noch nach Jahren in einem Gespräch in Ofen mit sympatischen Gefühlen der Kaiserin Charlotte gedachte, als sei sie die einzige gewesen, welche in der ganzen Verwandtschaft für ihre Schwägerin Sympatie hegte).

Nach Großmamas Ansicht hat Napoleon III. in der mexikanischen Angelegenheit keine schöne Rolle gespielt »Wäre etwas Gutes in Mexiko zu holen gewesen, so hätte es der Napoleon für sich behalten« sagte sie. Auch meinte sie Napoleon selbst sei sich einer Schuld an dem tragischen Ende[267] des unglücklichen Kaisers Max bewusst gewesen; denn wie er Onkel Ludwig Viktor[268], der seinem Bruder sehr ähnlich, wiedergesehen, habe es Napoleon förmlich gepackt.

---

[264] »Aber Mama, ich wäre die Zweite gewesen«. Prinz Georg von Sachsen hatte einen älteren Bruder, der der Thronfolger war.
[265] Nach dem Sardinischen Krieg verlor Österreich 1859 die Lombardei.
[266] Napoleon III. (1808–1873), zwischen 1852 und 1870 Kaiser der Franzosen.
[267] Kaiser Maximilian I. von Mexiko wurde 1867 entmachtet, von einem Kriegsgericht zum Tode verurteilt und nahe der Stadt Querétaro standrechtlich erschossen.
[268] Erzherzog Ludwig Viktor von Österreich (1842–1919).

# IV. ABWEICHUNGEN ZWISCHEN ABSCHRIFT UND ORIGINALTEXT

Zwischen der im Nachlass von Richard Sexau befindlichen Abschrift der »Erinnerungen an Großmama« und dem im Hauptstaatsarchiv Stuttgart liegenden Original gibt es an einigen Stellen zum Teil erhebliche textliche Abweichungen. Im Folgenden werden die markantesten Abweichungen zwischen Abschrift und Original einander gegenüber gestellt.

## I. SCHLOSS POSSENHOFEN

Abschrift, S. 12:
In diese Zeit fällt auch ein weiteres Ereignis; der Kauf von Possenhofen. Großmama hatte die Wahl zwischen letzterem und Leutstetten und zögerte keinen Augenblick Possenhofen zu wählen. Es gehörte damals einem Grafen La Rosé, und stand nur das sogenannte alte Schloss und ein ganz schmales Nebengebäude. Den Neubau haben meine Grosseltern gebaut.

Original, Heft 1, S. 85:
In diese Zeit fällt auch ein weiteres Ereigniß; der Kauf von Possenhofen. Großmama hatte die Wahl zwischen letzterem und Leutstetten und zögerte keinen Augenblick Possenhofen zu wählen. Es gehörte damals einem Grafen Larose und stand nur das sog[enannte] alte Schloß und ein ganz schmales Nebengebäude. Den Neubau haben

*Die Beschreibung ihres Aussehens und Charakters weist im Abgleich zwischen Abschrift und Original wesentliche Unterschiede auf: Erbprinzessin Helene von Thurn und Taxis*

meine Großeltern gebaut. Als am 3. Flügel ein 2. Stock aufgesetzt werden sollte, Großpapa sich einverstanden erklärt, auch die Steine schon herbeigeschafft waren, stimmte einer der früheren Schulkameraden Großpapa um, daß er seine Einwilligung zurückzog zu Großmamas großen Verdruße.

## II. HERZOG MAX UND HERZOGIN LUDOVIKA IN BAYERN

Abschrift, S. 13:
Im Winter und Frühjahr 1836 auf 1837 waren die Großeltern in Bamberg.

Original, Heft 1, S. 88/89:
Im Winter und Frühjahr 1836 auf 1837 waren die Großeltern in Bamberg und scheint dies eine Zeit gewesen zu sein, in der ihr gegenseitiges Verhältniß ein besseres war: Großmama gedachte derselben mit einer Art Liebe.

## III. DIE »LEISTUNGSFÄHIGKEIT« HERZOGIN LUDOVIKAS

Abschrift, S. 13:
Als Papa 14 Tage alt war, ging Grossmama zu Fuss auf das Tatzerl, also ungefähr eine halbe Stunde hin und zurück, den nächsten Tag fuhr sie nach Tutzing und ging dort auf den Johannisberg. Nur eine Migraine trug ihr dieser Mangel an Schonung ein, ohne weitere, schlimme Folgen. Grossmama liebte es, diese Geschichte zu erzählen und dabei ihre Leistungsfähigkeit gegenüber den modernen Frauen zu betonen.

Original, Heft 1, S. 91/92:
Als Papa 14 Tage alt war, ging Großmama zu Fuss auf das Tatzerl, also ungefähr eine ½ Stunde hin und zurück, den nächsten Tag fuhr sie nach Tutzing und ging dort auf den Johannisberg. Nur eine

Migraine trug ihr dieser Mangel an Schonung ein, ohne weitere, schlimme Folgen. Großmama liebte es, diese Geschichte zu erzählen und dabei ihre Leistungsfähigkeit gegenüber den modernen Frauen zu betonen. Auch sagte sie, um sie habe sich ja niemand bekümmert, Gräf[in] R[ottenhan] die Sache nicht verstanden und ihr Arzt Dr. Breslauer sie eben behandelt wie seine anderen Patientinnen, die Bauernweiber. Dieser Arzt hatte den Feldzug in Rußland 1812 mitgemacht und, als er sah, daß seine Zehen erfroren seien, dieselben selbst abgeschnitten.

## IV. HERZOGIN LUDOVIKA UND IHRE KINDER

Abschrift, S. 13:
Grossmama lebte vor allem für ihre Kinder. In der Liebe zu ihnen, in der Freude an ihrer Entwicklung fand sie grosse Freude.

Original, Heft 1, S. 94:
Großmama lebte vor Allem für ihre Kinder. In der Liebe zu ihnen, in der Freude an ihrer Entwicklung fand sie Trost für Großpapas Gleichgültigkeit und Untreue.

## V. LUDOVIKAS BADEAUFENTHALT IN SCHEVENINGEN

Abschrift, S. 14:
Onkel Louis' Erzieher, Graf Spreti, der sehr strenge und hart mit ihm gewesen und teilweise die Schuld an seinem späteren merkwürdig scheuen Wesen getragen haben soll.

Original, Heft 2, S. 2/3:
Onkel Louis Erzieher war ein Graf Spreti, der sehr strenge und hart mit ihm gewesen und teilweise die Schuld an seinem späteren merkwürdig scheuen Wesen getragen haben soll. Großmama kürzte einen Badeaufenthalt in Sheveningen ab um ihn nicht lang allein mit Graf

Spreti zu lassen; nahm sogar 2 Kurbäder an einem Tage, um schneller fertig zu werden. In Sheveningen lernte sie die damalige Prinzessin von Oranien kennen die sehr freundlich für sie war und ihr das »Du« anbot. Später kam dieselbe als Königin von Holland nach München. Großmama, die nicht aufdringlich sein wollte, nannte sie »Majestät«. Die Königin schien die frühere Intimität vergessen zu haben und wehrte ihr nicht.

## VI. DIE FLUCHT DER KAISERLICHEN FAMILIE IN DER REVOLUTION VON 1848

Abschrift, S. 14:
Grosstante Sophie war nach Innsbruck geflüchtet.

Original, Heft 2, S. 6:
Großtante Sophie war in dieser unruhigen Zeit aus Wien geflüchtet. Mit ihrem Manne und ihren Kindern unternahm sie eine Spazierfahrt vor die Stadt hinaus; als sie sich außerhalb der Mauern befand, frug sie den Kutscher, ob er ihr treu sei und, als er dies bejate, befahl sie ihm, nicht mehr nach Wien zurückzukehren. So flohen sie alle nach Innsbruck.

## VII. HERZOGIN HELENE IN BAYERN

Abschrift, S. 15:
Grossmamas zwei älteste Töchter wuchsen allmählich heran: Tante Helene besass eine wundervolle, schlanke Gestalt. Als ältere Frau hatte sie einen ausserordentlich charakteristischen Kopf. Sie war eine vorzügliche Frau, als sie heiratete.

Original, Heft 2, S. 14–16:
Großmamas zwei älteste Töchter wuchsen allmälig heran: T[ante] Helene hatte ein nicht bes[onders] schönes Gesicht, besaß aber eine wundervolle, schlanke und biegsame Gestalt; so sagten alle die sie in

ihrer Jugend kannten. Als ältere Frau hatte sie einen außerordentlich, charakteristischen Kopf; doch war ihre einstige Schlankheit spurlos verschwunden. Ihr Charakter muß schon als Mädchen ein sehr schwieriger gewesen sein und Großmama manche schwere Stunde bereitet haben. Umsonst suchte Großmama sie zur Pünktlichkeit zu erziehen. Wie Tante Helene einmal zum Spaziergang nicht zur rechten Zeit fertig war, verließ Großmama ohne sie das Palais (in München). Wie Großmama an der Theatinerkirche anlangte, kam Tante Helene ihr nachgestürzt und sagte vorwurfsvoll »du hast nicht auf mich gewartet«. Man denke sich Großmamas Entsetzen bei den strengen Münchner Hofsitten, wo eine Prinzessin nicht nur in Begleitung einer Dame, sondern stets auch von Lakaien begleitet auf die Straße geht.

Doch ist T[ante] Helene, trotz der Härten ihres Charakters, später eine vorzügliche Frau geworden.

## VIII. HERZOGIN ELISABETH IN BAYERN ALS VERLOBTE DES KAISERS VON ÖSTERREICH

Abschrift, S. 17:
Tante Sisi war eben noch ein halbes Kind; muss aber doch eine kindliche Neigung für den Kaiser empfunden haben; als er einmal von München abreiste, weinte sie so, dass sie im Gesicht ganz verschwollen war.

Original, Heft 2, S. 29:
T[ante] Sisi war eben noch ein halbes Kind; muss aber doch eine Art kindlicher Neigung für den Kaiser empfunden haben; denn (dies eine Erzählung B[aron] Wulffens), als er einmal von München abreiste, weinte sie so, dass sie im Gesicht ganz verschwollen war. Nun wollte aber Großpapa, daß sie, mit den im anderen Zimmer befindlichen Herren des Kaisers rede, T[ante] Sisi wollte sich denselben nicht mit verweinten Augen zeigen; dies erregte Großpapas Zorn so sehr, daß er sie am Hals packte. Großmama stand ganz unglücklich daneben.

## IX. DER CHARAKTER VON ERZHERZOGIN SOPHIE VON ÖSTERREICH

Abschrift, S. 17:
Im April 54 wurde in Wien des Kaisers und Tante Sisis Hochzeit gefeiert. Als nach derselben alle Erzherzoginnen der jungen Kaiserin die Hand küssen mussten, wollte dieselbe es ihren Cousinen, den beiden Töchtern König Ludwigs Adelgunde und Hildegard wehren, rief aus: »Wie sind ja Cousinen«; allein Grosstante Sophie bestand darauf, dass hierin der alte Brauch gewahrt wurde! Und so war es wohl auch in manchen anderen Dingen. Sie war durch ihr Schicksal zwar eine vorzügliche und in sittlicher Beziehung tadellose aber dabei auch sehr harte Frau geworden, die wenig Herz für ein junges Paar hatte.

Original, Heft 2, S. 31 / 32:
Im April 1854 wurde in Wien des Kaisers und Tante Sisis Hochzeit gefeiert. Als nach derselben alle Erzherzoginnen der jungen Kaiserin die Hand küssen mussten, wollte dieselbe es ihren Cousinen, den beiden Töchtern K[önig] Ludwigs I. von Bayern Adelgunde und Hildegard wehren, rief aus »wir sind ja Cousinen«, allein Großtante Sophie bestand darauf, daß hierin der alte Brauch gewahrt würde. Und so war es wohl auch in manchen anderen Dingen. Sie war durch ihr Schicksal zwar eine vorzügliche und in sittlicher Beziehung tadellose aber dabei auch sehr harte herrische Frau geworden, die kein Herz für die Wünsche des jungen Paars besaß.

## X. DER ANTAGONISMUS ZWISCHEN ERZHERZOGIN SOPHIE UND IHRER SCHWIEGERTOCHTER, DER KAISERIN ELISABETH (»SISI«) VON ÖSTERREICH

Abschrift, S. 17 / 18:
[…] wie schwer kann ich, die sie später kannte, Tante Sisi als junge Frau denken, wo ihre Eigenart noch nicht so ausgeprägt war.

Doch kann ich mir wohl denken, wie schwer der Zwang der Oesterreichischen Etikette auf ihr lastete. […]

Als junge Frau weinte sie oft in Laxenburg aus Heimweh. Eine Erzählung Grossmamas ist bezeichnend für das Leben am Österreichischen Hofe; dem Kaiser machte es Spass, allein mit seiner Frau durch die Säle der Hofburg in das mit derselben zusammenhängende Burgtheater zu gehen; doch seine Mutter fuhr dazwischen; nur in Begleitung einiger Hofstaaten durften sie diesen Gang unternehmen.

Original, Heft 2, S. 37–41:
Wie schwer kann ich, die sie später kannte, Tante Sisi als junge Frau denken, wo ihre Eigenart noch nicht so ausgeprägt war.

Doch kann ich mir wohl denken, wie schwer der Zwang der österreichischen Etikette und die Herrschaft ihrer Schwiegermutter auf ihr lastete. […]

Als junge Frau weinte sie oft in Laxenburg vor Heimweh und sehnte sich überhaupt nie nach ihrer Jugend zurück, da sie in derselben so unglücklich gewesen. Eine Erzählung Großmamas ist bezeichnend für das Leben am österreichischen Hofe; dem Kaiser machte es Spaß, allein mit seiner jungen Frau durch die Säle der Hofburg in das mit derselben zusammenhängende Burgtheater zu gehen; doch da fuhr seine Mutter dazwischen; nur in Begleitung einiger Hofstaaten durften sie feierlich diesen Gang unternehmen.

*Die erste Seite von Amelies »Erinnerungen an Großmama«.*

# ANHANG

## DANKSAGUNG

Folgende Personen haben die Realisierung dieser Quellenedition möglich gemacht beziehungsweise zu deren Gelingen beigetragen. Mein herzlicher Dank geht an:

S. D. Wilhelm Albert Herzog von Urach Graf von Württemberg für die Erlaubnis zur Einsichtnahme in die Quellenbestände des Archivs der Herzöge von Urach im Hauptstaatsarchiv Stuttgart und für die Erlaubnis, die »Erinnerungen an Großmama« zu publizieren.

Eberhard Merk vom Hauptstaatsarchiv Stuttgart der mich auf die Existenz des Originals der »Erinnerungen an Großmama« aufmerksam gemacht und mich mit seinem Fachwissen unterstützt hat.

Dr. Nino Nodia vom Nachlassreferat der Bayerischen Staatsbibliothek München für wertvolle Unterstützung während des zweiten Lockdowns.

Prof. Dr. Dieter J. Weiß vom Historischen Seminar der Ludwig-Maximilians-Universität für sein Feedback zum Manuskript.

Dietlind Pedarnig, Alexander Strathern, Vanessa von Proff und Lisa Heller vom Allitera Verlag für ihre Bereitschaft, diese Quellenedition in ihr Programm aufzunehmen, und ihre Begeisterung bei der Umsetzung des Projekts.

Meine Mutter Beatrix Sepp, die mir nicht nur bei der Übersetzung der französischen Zitate beigestanden, sondern auch das Projekt von Beginn an begleitet hat.

# EDITORISCHE NOTIZEN

Der von Herzogin Amelie von Urach verfasste Originaltext der »Erinnerungen an Großmama« wurde buchstabengetreu ediert. Schreibfehler wurden nicht korrigiert, die Satzzeichen wurden unverändert aus dem Original übernommen. Einschübe in runden Klammern stammen von der Autorin.

Worte, die die Autorin abgekürzt hat, wurden durch den Herausgeber ergänzt. Diese Ergänzungen sind durch eckige Klammern gekennzeichnet. Offensichtlich fehlende Worte wurden ergänzt um den betroffenen Satz verständlich zu machen. Auch diese Worte sind durch eckige Klammern gekennzeichnet. Die Übersetzung von Texten in französischer Sprache findet sich in den Fußnoten.

Folgende Abkürzungen und Symbole finden Verwendung:

| | |
|---|---|
| […] | = Ergänzung des Originaltextes durch den Herausgeber |
| [?] | = Wort im Original nicht eindeutig zu entziffern |
| BSB | = Bayerische Staatsbibliothek |
| Hrsg./hrsg. | = Herausgeber / herausgegeben |
| HStA | = Hauptstaatsarchiv |
| NL | = Nachlass |

# QUELLEN- UND LITERATURVERZEICHNIS

## I. QUELLEN IN ARCHIVEN UND BIBLIOTHEKEN

### I. A. ARCHIVE

Landesarchiv Baden-Württemberg
Hauptstaatsarchiv Stuttgart
Archiv der Herzöge von Urach
GU 99 Fotoalben und -sammlungen
GU 118 Nachlass der Herzogin Amalie (Amelie) von Urach, geborene Herzogin in Bayern
- Büschel 150: Briefe der Herzogin Ludovika in Bayern an ihre Enkelin Amelie, 1874 bis 1890
- Büschel 215 und 216: Briefe der Adolfine Freiin Reichlin von Meldegg an Herzogin Amelie, 1890 bis 1907
- Büschel 291 und 292: Erinnerungen an Großmama, 2 Hefte
- Büschel 294: Notizen über Kaiserin Elisabeth von Österreich für Marie von Glaser

GU 128 Nachlass der Fürstin Margarete von Urach
- Büschel 91, 95, 111, 115, 119, 143 Korrespondenz mit Richard Sexau aus den Jahren 1938/39, 1943 bis 1945 und 1951

### I. B. BIBLIOTHEKEN

Bayerische Staatsbibliothek, München (BSB)
Abteilung Handschriften und Alte Drucke
    Ana 346 Nachlass Sexau, Richard, Schriftsteller
    B. Materialien und Materialsammlungen
    I. Material zum Roman über Carl Theodor
    I.5 Briefabschriften
    I.5.d Briefe Herzog Carl Theodors in Bayern

I.5.e Briefe von Herzogin Ludovika in Bayern
I.6 Tagebuchabschriften
I.6.b Tagebücher der Herzogin Amelie von Urach und »Erinnerungen an Großmama«
IV. Material über das Haus Wittelsbach
IV.2.b Über die Affäre Meyer-Wallersee: »Das Kind« von Sassetot
E. Korrespondenz
I.(Mappe 1: Briefwechsel mit Herzogin Marie José, Witwe Carl Theodors, 1937–1943; Briefwechsel mit Fürst Albert von Thurn und Taxis

Nachlass von Josef Rheinberger (Rheinbergeriana) I 10, 135 und 229; I 11, 157; II

## II. GEDRUCKTE QUELLEN

Marie Valérie von Österreich: Das Tagebuch der Lieblingstochter von Kaiserin Elisabeth, hrsg. v. Martha und Horst Schad, München 1998.

Pierer, Heinrich August (Hrsg.): Universal-Lexikon der Gegenwart und Vergangenheit oder neuestes encyclopädisches Wörterbuch der Wissenschaft, Künste und Gewerbe, 32 Bände, Altenburg 1840–1847.

Redwitz, Marie Freiin von: Hofchronik 1888–1921, München 1924.

Wallersee-Larisch, Marie Louise von: Meine Vergangenheit, Berlin 1913.

Wallersee, Marie Louise von, vormals Gräfin Larisch: Kaiserin Elisabeth und ich, Leipzig 1935.

Wallersee, Marie Louise von, vormals Gräfin Larisch: Die Heldin von Gaeta. Tragödie einer Königin, Leipzig 1936.

## III. SEKUNDÄRLITERATUR

Conze, Eckart (Hrsg.): Kleines Lexikon des Adels. Titel, Throne, Traditionen, München 2001.

Corti, Egon Caesar Conte: Elisabeth. »Die seltsame Frau«. Nach dem schriftlichen Nachlaß der Kaiserin, den Tagebüchern ihrer Tochter und sonstigen unveröffentlichten Tagebüchern und Dokumenten, Graz u. a. ³⁷[1990] (Erstveröffentlichung Salzburg 1934).

Graf, Bernhard: Sisis Vater. Herzog Maximilian in Bayern, München 2016.

Graf, Bernhard: Sisis Geschwister, München 2017.

Hamann, Brigitte: Elisabeth. Kaiserin wider Willen, Wien/München ³2001 [erweiterte Neuausgabe].

Hamann, Brigitte (Hrsg.): Die Habsburger. Ein biographisches Lexikon, München ³1988.

Hamann, Brigitte: Musikalisches aus dem Tagebuch der Prinzessin Amélie in Bayern, in: Bericht Bruckner Symposion im Rahmen des Internationalen Brucknerfestes Linz 1994, Linz 1997, S. 19–30.

Loeben, Elisabeth von: Graf Marogna-Redwitz. Opfergang einer bayerischen Familie, München ³1988.

Lorenz, Sönke/Mertens, Dieter/Press, Volker (Hrsg.): Das Haus Württemberg. Ein biographisches Lexikon, Stuttgart 1997.

Rall, Hans/Rall, Marga: Die Wittelsbacher in Lebensbildern, München 2005.

Rank, Gertrud/Mann-Stein, Rosemarie: Possenhofen. Geschichte eines Pöckinger Kleinods, Pöcking ²2020.

Rank, Gertrud: Neue Einsichten zu Schlossbau, Kalvarienberg und Fischerkapelle in Possenhofen, in: Lech-Isar-Land. Heimatkundliches Jahrbuch (2021), S. 173–200.

Sepp, Christian: Sophie Charlotte. Sisis leidenschaftliche Schwester, München ³2017.

Sepp, Christian: Ludovika. Sisis Mutter und ihr Jahrhundert, München 2019.

Sexau, Richard: Carl Theodor, Herzog in Bayern, in: Der Zwiebelturm. Monatszeitschrift für das bayerische Volk und seine Freunde 4 (1949), S. 269–271.

Sexau, Richard: Fürst und Arzt. Dr. med. Herzog Carl Theodor in Bayern. Schicksal zwischen Wittelsbach und Habsburg, Graz u. a. 1963.

Sokop, Brigitte: Jene Gräfin Larisch. Marie Louise Gräfin Larisch-Wallersee. Vertraute der Kaiserin – Verfemte nach Mayerling, Wien u. a. 1985 (⁴2006).

Witzleben, Hermann von / Vignau, Ilka von: Die Herzöge in Bayern. Von der Pfalz zum Tegernsee, München 1976.

# ABBILDUNGSNACHWEIS

Bayerische Staatsbibliothek München / Bildarchiv: S. 19, 102

Landesarchiv Baden-Württemberg, Hauptstaatsarchiv Stuttgart, Archiv der Herzöge von Urach
    GU 99: S. 32, 49, 50, 51, 52, 55, 56, 57, 58, 59, 62, 70, 73, 81, 97, 108, 112, 120
    GU 118 Büschel 291: S. 128
    GU 123: S. 60 / 61

Sammlung Christian Sepp München: S. 6, 10, 53, 54, 93

Schleswig-Holsteinische Landesbibliothek Kiel, Nachlass Friedrich von Esmarch Cb 18 F 2/4: S. 60 links unten

# PERSONENREGISTER

**A**

Adelgunde von Bayern, Herzogin von Modena   *106, 126*
Albert I. König von Sachsen   *82*
Albert Fürst von Thurn und Taxis   *22, 26*
Alexander I. Kaiser von Russland   *77*
Alexander Prinz von Hessen und bei Rhein   *118*
Amalie (»Amelie«) von Bayern, Königin von Sachsen   *34, 35, 69–70, 81*
Amalie von Hessen-Darmstadt, Markgräfin von Baden   *66, 77*
Amalie Luise von Arenberg, Herzogin in Bayern   *86–87*
Amélie von Leuchtenberg, Kaiserin von Brasilien   *75, 118*
Anna von Sachsen, Erbgroßherzogin der Toskana   *115, 117*
Arco, Ludwig Graf von   *67*
Auguste Amalie von Bayern, Herzogin von Leuchtenberg   *74, 77*
Auguste Wilhelmine von Hessen-Darmstadt, Herzogin von Pfalz-Zweibrücken   *66*

**B**

Baier, Dr. Ernst   *94*
Basselet von La Rosée, Desider Reichsgraf von   *92, 121*

Berthier, Louis-Alexandre, Herzog von Neuchâtel   *86*
Bismarck, Otto Fürst von   *18*
Branca, Paula von   *46*
Breslau, Dr. Heinrich von   *95, 123*
Bruckner, Anton   *45*
Brucks, Otto   *14, 16*

**C**

Cäcilie von Schweden, Großherzogin von Oldenburg   *78*
Carl Theodor Herzog in Bayern   *20–23, 33–34, 40–42, 47, 83, 85, 92, 95, 100–101, 104, 117–118, 122*
Carola Hilda Fürstin von Urach   *22, 24–25*
Caroline von Baden, Königin von Bayern   *39, 42, 65–66, 68, 72–73, 79, 82–83, 89, 92*
Caroline von Bayern   *72, 87*
Charlotte von Bayern, Kronprinzessin von Württemberg, unter dem Namen Carolina Augusta Kaiserin von Österreich   *74, 89*
Charlotte von Belgien, Kaiserin von Mexiko   *118–119*

**E**

Elisabeth (»Sisi«) in Bayern, Kaiserin von Österreich   *8, 13,*

*15–20, 28–29, 31, 34, 43–44, 92, 96, 100, 103, 104–111, 117, 119, 125–127*
Elisabeth (»Elise«) von Bayern, Königin von Preußen  *69, 80, 105*
Elisabeth (»Lili«) von Sachsen, Herzogin von Genua  *112–114, 115–116*
Ernst Prinz von Sachsen  *114*
Eugène de Beauharnais, Herzog von Leuchtenberg  *74*
Eugénie von Leuchtenberg, Fürstin von Hohenzollern-Hechingen  *76*

**F**
Fabrice, Oswald Freiherr von  *117*
Ferdinand I. »der Gütige« Kaiser von Österreich  *100, 107*
Ferdinand (»Nando«) IV. Großherzog von Toskana  *115*
Ferdinand Maximilian Erzherzog von Österreich, als Maximilian I. Kaiser von Mexiko  *13, 116, 118–119*
Fischer, Dr. Heinrich  *111*
Florestine von Monaco, Fürstin von Urach  *114*
Fransoni, Luigi, Erzbischof von Turin  *113*
Franz I. Kaiser von Österreich, als Franz II. letzter Kaiser des Heiligen Römischen Reichs  *71, 74, 82*
Franz Joseph I. Kaiser von Österreich  *13, 31, 34, 45, 48, 105–107, 109, 114, 125–127*

Franz Karl Erzherzog von Österreich  *71, 100, 124*
Friederike von Baden, Königin von Schweden  *77*
Friedrich August II. König von Sachsen  *71, 82, 111*
Friedrich Wilhelm IV. König von Preußen  *69, 80*

**G**
Georg König von Sachsen  *118*
Geyer von Geyersberg, Luise Karoline, Reichsgräfin von Hochberg  *79*
Gisela von Österreich, Prinzessin von Bayern  *110*
Gregor XVI., Papst  *91*
Gustav IV. König von Schweden  *77*

**H**
Hamann, Brigitte  *28–29*
Haucke, Julie von, Fürstin von Battenberg  *118*
Hauff, Wilhelm  *11*
Hauser, Kaspar  *78–79*
Helene (»Nené«) in Bayern, Erbprinzessin von Thurn und Taxis  *22, 30, 92–93, 99, 102–103, 105, 124–125*
Henriette von Nassau-Weilburg, Erzherzogin von Österreich  *86*
Hey, Julius  *45*
Hildegard von Bayern, Erzherzogin von Österreich  *106, 126*

Hirschberg, Maximiliane Gräfin von  *72*
Hortense de Beauharnais, Königin von Holland  *77*

**I**

Isabella Prinzessin von Neapel-Sizilien  *115*

**J**

Johann I. König von Sachsen  *35, 70, 82, 99, 111–113, 117*
Josephine von Baden, Fürstin von Hohenzollern-Sigmaringen  *78*
Joséphine von Leuchtenberg, Königin von Schweden  *75*

**K**

Karl Großherzog von Baden  *74, 79*
Karl Prinz von Bayern  *42, 72–74*
Karl Ludwig Erzherzog von Österreich  *103, 116*
Karl Theodor Kurfürst von Pfalz-Bayern  *66–67*
Karoline von Baden, Königin von Bayern → Caroline
Konstantin Fürst von Hohenzollern-Hechingen  *76*
Krafft-Ebing, Margarethe von  *23*
Krafft-Ebing, Richard von  *23–24*

**L**

Larisch, Georg Graf  *14*
Lenbach, Franz von  *46*

Leopold I. König von Belgien  *118*
Leopoldine von Österreich, Kaiserin von Brasilien  *40, 75*
Levi, Hermann  *46*
Louis Antoine de Bourbon-Condé, Herzog von Enghien  *65*
Ludwig I. König von Bayern  *72, 74, 80, 83, 89–91, 96, 99, 106, 126*
Ludwig II. König von Bayern  *43*
Ludwig (»Louis«) Herzog in Bayern  *14, 18, 41, 89–91, 98–99, 123*
Ludwig Viktor Erzherzog von Österreich  *119*
Luise von Baden, unter dem Namen Elisabeth Zarin von Russland  *77, 79*
Luisa von Thurn und Taxis, Prinzessin von Hohenzollern-Sigmaringen  *36, 80*

**M**

Margarete Fürstin von Urach  *22–25, 27*
Margarethe von Genua, Königin von Italien  *113*
Margarethe von Sachsen, Erzherzogin von Österreich  *115–117*
Maria Amalia Prinzessin von Brasilien  *118*
Maria Anna (»Marie«) von Bayern, Königin von Sachsen  *66, 71, 111, 116*
Maria Anna (»Marianne«) von

Pfalz-Zweibrücken, Herzogin in Bayern  *86*
Maria Anna von Sardinien-Piemont, Kaiserin von Österreich  *100*
Maria Antonia (»Antonietta«) Prinzessin von Toskana  *115*
Maria Elisabeth in Bayern, Herzogin von Neuchâtel  *86*
Maria Leopoldine von Österreich-Este, Kurfürstin von Pfalz-Bayern  *67*
Maria Theresia von Neapel-Sizilien, Fürstin von Hohenzollern-Sigmaringen  *92*
Marie in Bayern, Königin von Neapel-Sizilien  *18, 22, 87, 95, 105, 115*
Marie Amalie von Baden, Herzogin von Hamilton  *78*
Marie Antoinette von Österreich, Königin von Frankreich  *65*
Marie Auguste Prinzessin von Sachsen  *82*
Marie José von Portugal, Herzogin in Bayern  *20–24, 26–27, 42, 84–85*
Maria Karoline (»Linchen«) von Österreich, Kronprinzessin von Sachsen  *81–82*
Marie Valérie von Österreich, Erzherzogin von Österreich- Toskana  *13, 29, 34, 42–44, 48, 109*
Marischka, Ernst  *13*
Marogna Redwitz, Rudolf Graf von  *27*
Mathilde (»Spatz«) in Bayern, Gräfin von Trani  *95, 104*

Maximilian (»Max«) Herzog in Bayern  *7–8, 30–31, 35, 40, 64, 87–91, 92–93, 94, 96, 101, 106, 122–123, 125*
Maximilian I. Joseph König von Bayern  *42, 65–67, 74, 82, 84, 85–86*
Maximilian Emanuel (»Mapperl«) Herzog in Bayern  *96, 101*
Mendel, Henriette, Freifrau von Wallersee  *14, 18*
Menter, Sophie  *45*
Metternich, Clemens Wenzel Lothar Fürst von  *83*
Meyers, William Henry  *16*
Miguel I. König von Portugal  *42, 83–85*
Murat, Joachim, König von Neapel  *85*

# N

Napoleon I. Bonaparte, Kaiser der Franzosen  *65, 72, 74, 78, 85, 86*
Napoleon III. Bonaparte, Kaiser der Franzosen  *119*
Newbolt, Maria, Gräfin von Spreti  *98*

# O

Oskar I. König von Schweden  *75*
Otto I. König von Bayern  *20*

# P

Paumgarten, Elisabeth von, Freifrau von Lerchenfeld  *105*

139

Paumgarten, Franziska von, Gräfin zu Toerring-Jettenbach  *104*
Paumgarten, Gabriella von, Freifrau von Venningen  *105*
Paumgarten, Hermann Graf von  *104*
Paumgarten, Hermine von, Gräfin von Pappenheim  *105*
Paumgarten, Maria von, Gräfin von Kospoth  *105*
Paumgarten, Mary Gräfin von  *104*
Paumgarten, Irene Gräfin von  *105*
Pedro I. Kaiser von Brasilien  *75, 83, 118*
Petzmayer, Johann  *88, 96*
Pigott, Salisbury, Gräfin zu Sayn und Wittgenstein-Sayn  *91*
Pius VI., Papst  *86*
Pius Herzog in Bayern  *86, 92, 96*
Plochl, Anna, Gräfin von Meran  *101*

### R
Radetzky von Radetz, Joseph Graf  *118*
Radziwill, Anton Fürst von  *80*
Radziwill, Elisa Prinzessin  *80*
Rapallo, Nicolò Marchese  *113–114*
Redwitz, Marie Freiin von  *20, 34, 38–40, 46–48*
Reichlin von Meldegg, Adolfine Freifrau von  *37*
Rheinberger, Josef Gabriel  *45*

Roggenbach, Charlotte Freifrau von  *68*
Rotberg, Sophie Freiin von  *71*
Rottenhan, Auguste Gräfin von  *68, 90, 95, 123*
Rubinstein, Anton  *45*
Rudolf Kronprinz von Österreich  *14, 16, 28, 110, 116*

### S
Schad, Horst  *29*
Schad, Martha  *29*
Schumann, Clara  *46*
Sexau, Maria Josefa  *20, 28*
Sexau, Richard  *7, 18–29, 34, 121*
Sidonie Prinzessin von Sachsen  *114*
Sokop, Brigitte  *18*
Sophie von Bayern, Erzherzogin von Österreich  *30–31, 39–40, 71, 100–101, 103, 106–107, 109–110, 118, 124, 126–127*
Sophie Erzherzogin von Österreich  *110*
Sophie von Sachsen, Herzogin in Bayern  *34–36, 69, 113, 116–117*
Sophie von Württemberg, Königin der Niederlande  *99, 124*
Sophie Charlotte in Bayern, Herzogin von Alençon  *7, 23–24, 45, 96*
Spreti, Karl Graf von  *98–99, 123–124*
Stéphanie de Beauharnais, Großherzogin von Baden  *78*

## T

Tänzl von Tratzberg, Amalie Freiin von  *97–98, 104*
Tänzl von Tratzberg, Maria Anna Freiin von  *98*
Théodelinde (»Linda«) von Leuchtenberg, Gräfin von Urach  *76*
Therese von Sachsen-Hildburghausen, Königin von Bayern  *72, 105*
Thomas Herzog von Genua  *113*

## V

Vetsera, Mary Freiin von  *14, 16*
Victoria Königin von Großbritannien und Irland  *78*
Viktor Emanuel II. König von Sardinien-Piemont / König von Italien  *113*

## W

Wagner, Eva  *46*
Wagner, Isolde  *46*
Wallersee, Marie Louise von, Gräfin Larisch  *14–18, 21–22*
Wilhelm I. König von Preußen / deutscher Kaiser  *80*
Wilhelm II. deutscher Kaiser  *19*
Wilhelm Herzog in Bayern  *85–89*
Wilhelm Herzog von Urach  *12, 46–48*
Wilhelm Graf von Württemberg  *11, 76*
Wulffen, Karl Freiherr von  *13, 31, 48, 89, 101–102, 106, 111, 117–118, 125*
Wulffen, Luise von, Gräfin Hundt zu Lautterbach  *98*
Wulffen, Wilhelmine (»Minna«) von, Gräfin von Perfall  *98*

## Y

Yrsch, Adelheid von, Gräfin von Magerl  *104*

## Z

Zanardi Landi, Karoline Gräfin  *17*

# STAMMBAUM AMELIE VON URACH

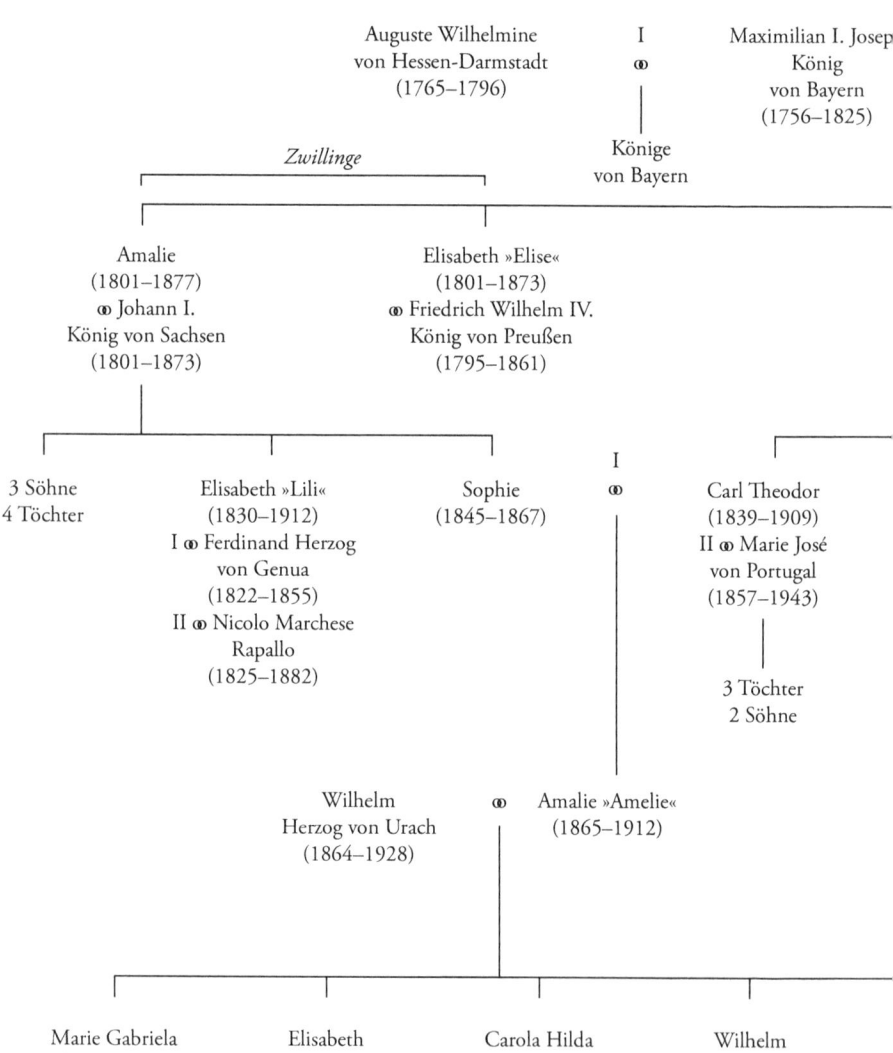

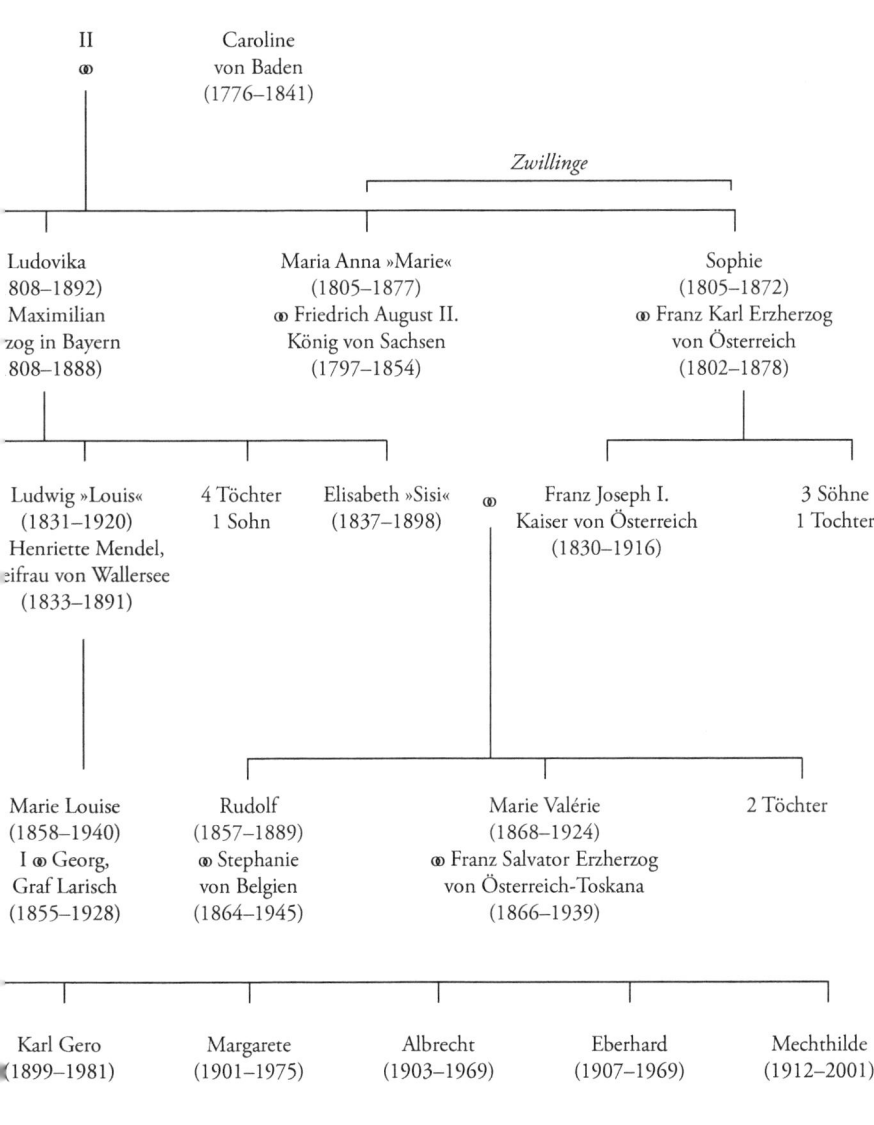

Ebenfalls von Christian Sepp im Allitera Verlag erhältlich:

**Eine ungewöhnliche Frau, die ihrer Zeit voraus war**

Herzogin Sophie Charlotte in Bayern (1847–1897) stand lange im Schatten ihrer berühmten Schwester. In seiner Tragik steht ihr Schicksal dem von Kaiserin Elisabeth von Österreich jedoch in nichts nach. Die Verlobung mit dem bayerischen Märchenkönig Ludwig II. endet für Sophie in einem Gefühlschaos. Rasch wird eine Ehe mit Herzog Ferdinand von Alençon arrangiert. Zwanzig Jahre später verliebt sich Sophie in einen Bürgerlichen, den Arzt Franz Glaser, und möchte die Scheidung. Ein Schritt, der in der starren, von Konventionen geprägten Adelsgesellschaft des ausgehenden 19. Jahrhunderts auf Unverständnis und Ablehnung stößt. Ihre Familie greift zu drastischen Maßnahmen und lässt sie für geisteskrank erklären …

Auf der Suche nach Individualität, Glück und Liebe wagt Sophie Charlotte den Ausbruch aus dem »goldenen Käfig« mit allen Konsequenzen. Der Wittelsbach-Experte Christian Sepp erzählt die ergreifende Geschichte dieser ungewöhnlichen und mutigen Frau, die mit den Konventionen ihrer Zeit gebrochen hat.

*288 S., Paperback, ISBN 978-3-96233-366-9, 22,– €*